IRISCHE

Küche

BIDDY WHITE LENNON

BONECHI

O'BRIEN

Distributed by
The O'Brien Press Ltd., 12 Terenure Road East,
Rathgar, Dublin 6, Ireland
Tel. +353 1 4923333; Fax +353 1 4922777;
e-mail: books@obrien.ie; Website: www.obrien.ie
ISBN 978-1-84717-026-2

© Copyright by Casa Editrice Bonechi
Via dei Cairoli, 18/b – Firenze – Italia
Tel. +39 055576841 – Fax +39 0555000766
e-mail: bonechi@bonechi.it
Internet: www.bonechi.com
ISBN 978-88-476-2237-1

Projekt und Verlagsidee: Casa Editrice Bonechi
Verlagsdirektor: Monica Bonechi
Bildrecherchen: Staff der Casa Editrice Bonechi
Graphischer Entwurf und Umschlag:
Andrea Agnorelli
Video-Umbruch: Elena Nannucci
Redaktion: Elena Rossi
Übersetzung: Babyl Traducciones
Text von Biddy White Lennon

Diätfachmann: Dr. John Luke Hili
In der Küche: Lisa Mugnai

Druck in Italien: Centro Stampa Editoriale
Bonechi.

FOTONACHWEIS:
Die Fotos sind Eigentum des Verlagsarchivs der
Casa Editrice Bonechi und wurden von *Monica
Bonechi, Andrea Fantauzzo* und *Ghigo Roli*
aufgenommen.
Weitere Fotobeiträge:
Avoca Shop, Suffolk Street, Dublin: S. 2 unten
Mitte, 29 unten rechts.
Folgende Fotos wurden freundlicherweise zur
Verfügung gestellt:
Guinness Storehouse: S. 94 unten, 95 Mitte
rechts; *O'Brien Press Ltd.:* S. 67 und 88.

Der Herausgeber bittet um Verständnis für
versehentlich nicht ausgewiesene Fotos und
steht nach entsprechenden Hinweisen für
eventuelle nachträgliche Ansprüche zur
Verfügung.

SYMBOLSCHLÜSSEL

SCHWIERIGKEITSGRAD	GESCHMACK	NÄHRWERT
● EINFACH	● MILD	● NIEDRIG
●● MITTEL	●● MITTEL	●● MITTEL
●●● SCHWIERIG	●●● STARK	●●● HOCH

Die Vorbereitungs- und Kochzeit wird in Stunden (Std.) und Minuten
angegeben (z.B. 30' gleich 30 Minuten). Angabe von Proteine und
Fett in Gramm.

IRLAND
DIE SPEISEINSEL

„Lasst die Speisen frisch und die Getränke
alt sein" (ein altes irisches Sprichwort)

*Irland ist eine kleine Insel an der
europäischen Küste. Aber „Irland" – die
Speiseinsel" ist weit mehr als ein kluger
Werbeslogan – es wird damit eine alte irische
Einstellung zum Essen charakterisiert. Die
hervorragende Qualität natürlich wachsender
Nahrungsmittel im Land zeigt, dass die
Iren seit jeher der einfachen
Zubereitung und dem Servieren
von Gerichten, den Vorzug
gaben. Irland war stets ein
nahrungsexportierendes Land.
Heutzutage wird Fleisch von
mit Gras gefütterten Rindern
und Lämmern,
Milchprodukte,
Bauernkäse,
Räucherwaren
und gepökelte
Lebensmittel, in
die ganze Welt
exportiert. Der rund
um die saubere
Atlantikküste
gefangene frische Fisch ist in anderen
Ländern begehrt.*

*Den größten Teil des Jahres weidet das
irische Vieh auf Gras und Kräutern, lebt
auf natürliche Weise auf unseren Feldern,
Hügeln und Bergen. Deshalb schmeckt
das irische Fleisch so gut. Fleisch steht seit
Tausenden von Jahren im Zentrum der
irischen Nahrungskultur. Dabei bevorzugten
jedoch die Kelten das Vieh gegenüber allen
anderen Tieren.
Das ländliche
Agrarsystem entstand
mit großer Betonung
der bánbhianna
(„Weißes Fleisch"
aus Milch). Die
Normannen brachten
weiter entwickelte
landwirtschaftliche
Methoden mit sich.
Sie legten großen*

*Wert auf Schafe und führten neue Rassen
von Haustieren, Wild und Vögeln ein.
Die Agrarmethoden änderten sich erneut.
Ungefähr ein Jahrhundert lang wurden auf
dem Land riesige Rinderherden und Schafe
für den Export aufgezogen. Die jetzt auf
winzigen Kleinlandbesitztümern lebende
eingeborene
irische
Bevölkerung
war beim
Fleischverzehr
abhängig von
dem, was das
Familienschwein
an Schweinefleisch
und Schinken
hergab.Der
Einfallsreichtum beim
Räuchern (Salzen)
und Würzen von
Schweinefleisch und Fisch
übertraf den Gebrauch
an Schafsfleisch, Rind,
Wild und Geflügel. Die
Kolonisierung durch die Engländer in der
Tudor-Zeit und die folgenden Jahrhunderte
führte zum Entstehen von zwei Esskulturen.
Die „großen Herrenhäuser" der angloirischen
Herren waren gut mit Fleisch, Hofgeflügel
und Wild ausgestattet. Dort gab es Räume
zum Kaltlagern, Einrichtungen zum Kochen
und Mittel für ausgebildete Köche und
Diener. Die überwältigende Mehrzahl der
Bevölkerung lebte in Hütten und Cottages,
deren Kochvorrichtungen aus einem
torfbetriebenen offenen Feuer und einem
ausreichend großen Herd für das Räuchern
von Fleisch bestanden. Die Mahlzeiten waren
sehr einfach und beschränkten sich auf das,
was aufgezogen und gesammelt werden
konnte. Mit der Einführung der Kartoffel
begann für die gälisch sprechende irische
Bevölkerung der Niedergang der auf Rind
und Milch basierenden Nahrung. Einfache
Eintopfgerichte, abgeschmeckt mit wilden*

Kräutern, Früchten und Nüssen, überlebten. Genauso erging es auch der traditionellen Handwerkskunst beim Pökeln und Räuchern (für die, die es sich leisten konnten) von scharf gewürztem Fleisch.

Die Iren standen stets der Annahme fremder Einflüsse offen gegenüber. Das, was die Iren aßen, war durch ihre Lebensweise bestimmt. Es waren vermutlich der Fisch und die Meerestiere, die die ersten Siedler mit nach Irland brachten. Es war die halb nomadische, ländliche Lebensweise, die bánbhianna (Weißes Fleisch aus Milch) die zu ihrer vorwiegenden Ernährung wurde. Körner, wilde und angebaute Früchte sowie Gemüse aus der frühen christlichen Klostertradition, das von den Normannen mitgebrachte Wild, Vögel und Fisch, sind immer noch weit verbreitet in der irischen Küche. Mit der Einführung der Kartoffel wurde diese fast nur noch ausschließlich verzehrt. Es war die Katastrophe der Kartoffelmissernte, die schließlich das beendete, was von der ursprünglichen Lebensweise noch übriggeblieben war. Im sich anschließenden Zeitraum gingen die alten Nahrungstraditionen schließlich verloren. Als in der Mitte des 20. Jahrhunderts wieder ein relativer Wohlstand erzielt wurde, wurde aus der Kartoffel eine Beilage für andere Nahrungsmittelformen. Es entstand ein Zugang zu einer begrenzten Anzahl traditioneller Rezepte, auf die wieder zurückgegriffen werden konnte.

Brot bildet die Basis der irischen Backtradition. Dennoch ist das Angebot an im Ofen gebackenem Buttergebäck, Torten, Kuchen und hausgebackenen Keksen nach wie vor erstaunlich. Es stimmt, dass die traditionelle irische Backkunst bodenständig ist. Die Fähigkeit eines Heimbäckers bei der Herstellung eines guten Laibs schwarzen Brots wird viel höher geschätzt als Torten. Während sich Naschwerk in anderen europäischen Essenkulturen entwickelte, war

das in Irland nicht der Fall. Berücksichtigt man jedoch das ziemlich begrenzte Angebot an Zutaten – Weizen- und Hafermehl, Eier, Kartoffeln, Honig, frische Früchte, Beeren und Nüsse, die im irländischen Klima gedeihen (wie Äpfel, Birnen, Rhabarber, Himbeeren, Fraughans (Blaubeeren) und (wenn geschützt) Feigen, Haselnüsse und Walnüsse) – so entsteht durch diese subtilen Geschmacksvariationen und Eigenschaften einer Backtradition, auf die man stolz sein kann.

Historisch gesehen, gibt es kein „definitives" Rezept für ein irisches Gericht. Einige Rezepte von sehr individuellen irischen Köchen, die in dem einem oder anderen „Herrenhaus" beschäftigt waren, haben überlebt. Diese erzählen uns von der Zubereitung einiger Gerichte. Meistens erfolgt jedoch nur eine einfache Aufzählung der benutzten Zutaten. Konstant bleiben jedoch die Methoden der Zubereitung.

Nach dem heroischen Zeitalter mit seinen frisch ausgehobenen brodelnden Kochgruben (fulucht fiadb), die mit Wasser gefüllt wurden und mit feuerbeheizten Steinen bis zum Siedepunkt gebracht wurden, bot das irische Heim wenig Möglichkeiten fürs Kochen. Ein offenes Torffeuer, ein großer Eisentopf (ein Bastible), der in verschiedenen Höhen über dem Feuer oder der Kohle aufgehangen werden konnte, ein flaches Eisenbackblech, das ähnlich angebracht werden konnte und manchmal ein Schornstein. Weit häufiger waren jedoch die Sparren für geräuchertes Fleisch und Fisch. Das (relativ) große Haus eines wohlhabenden Bauers mag einen Bratspieß für geröstetes Fleisch vor dem offenen Feuer sowie eine Art primitiven, direkt beheizten Ofens besessen haben, gewöhnlich neben dem Schornstein.

Die Kochtechniken waren zwangsläufig einfach: Es gab Brote auf Backblech oder „Kuchen" zur Verlängerung der Lebensdauer

Oben, der Spire in der O'Connell Street. Oben links, ein traditionelles irisches Pub in Wexford. Auf der gegenüberliegenden Seite, ein Kleeblatt, das irische Symbol, das traditionellerweise am St. Patricks Day getragen wird. Zwei Brotkörbe aus dem Avoca Shop, in der Suffolk Street, Dublin.

von saisonbedingten Nahrungsmitteln, durch Räucherung, Salzen und Pökeln, Gerichte zum „Konservieren" oder für kurze und einfache Mahlzeiten. Die meisten Rezepte waren „Eintöpfe" nach Bauernart wie überall (wofür die Kartoffeln am besten geeignet waren) und basierten auf saisonal bedingten Zutaten.

Irland ist ein relativ kleines Land, es gibt keine „Regionen" (Territorien) in Bezug auf traditionelle Gerichte. Bis auf wenige Ausnahmen werden die Gerichte in diesem Buch in allen Teilen des Landes gegessen und variieren geringfügig in Bezug auf Zutaten, Beilagen und Gewürze. Die in diesem Buch vorgestellten Rezepte werden in den irischen Haushalten regelmäßig zubereitet und verzehrt: traditionelle Fisch- und Fleischgerichte, Kartoffelgerichte, Brotwaren und Gebackenes, Puddings und Desserts sowie aufwendigere Gerichte, die einst nur in den „Herrenhäusern" verzehrt wurden und heute in den irischen Haushalten für besondere Gelegenheiten zubereitet werden.

INHALTSVERZEICHNIS

Frühstück

Adare, Grafschaft Limerick.

Heutzutage findet man beim irischen Frühstück alles, von der Schale mit Haferbrei oder der in aller Eile verzehrten Scheibe Buttertoast, einer Tasse Tee, zuhause in der Familie vor der täglichen Pendelfahrt zu Arbeit, bis hin zum Feinschmeckerfest in einem 5-Sterne-Hotel oder in einer Pension. Während das „volle irische Frühstück" mit Speck, Würsten, Eiern, usw. einst das Standardfrühstück vieler Menschen war, verzehren die meisten Leute dieses Standardfrühstück heute nur noch als Wochenendvergnügen oder als Brunch (eine Kombination aus Frühstück und Mittagessen).

Porridge *(Haferbrei)*

- 40 g/1 ½ oz/½ Tasse Haferflocken
- 375 ml/1 ½ Tassen kaltes Wasser oder Milch
- 1 Prise Salz

Für: 1 Person

Zubereitung: ½'

Kochzeit: 3 ½' oder 6'

Schwierigkeitsgrad: ●

Geschmack: ●

Kcal (pro Portion): 389

Proteine (pro Portion): 18

Fett (pro Portion): 14

Nährwert: ●●

Haferflocken und die Flüssigkeit in einen Kochtopf schütten und umrühren. Zum Kochen bringen. Danach ungefähr 6 Minuten köcheln lassen. Regelmäßig umrühren. Bevor alles fertig ist salzen. Heiß mit Sahne und Honig servieren oder mit einem Kompott aus gedünsteten Früchten, wie Äpfeln, Rhabarber oder Beeren.

IN DER MIKROWELLE:

Haferflocken in eine längliche Schüssel geben, befeuchten und rühren. Die Haferflocken 3 ½ Minuten bei 600 Watt kochen oder 2 ½ Minuten bei 800 Watt. Nach der Hälfte der Kochzeit umrühren. Vor dem Servieren 2 Minuten ziehen lassen. Anmerkung: Bei der doppelten Menge verdoppelt sich auch die Kochzeit.

Kerniger Haferflockenbrei

Für: 4 Personen
Zubereitung: ½'
Kochzeit: 30'
Schwierigkeitsgrad: ●
Geschmack: ●
Kcal (pro Portion): 159
Proteine (pro Portion): 5
Fett (pro Portion): 3
Nährwert: ●

- 135 g/4 ¾ oz/1 Tasse kernige Haferflocken
- 1 1/4 Tassen Wasser
- 1 gestrichener TL Salz

*W*asser im Topf zum Kochen bringen. Langsam die Haferflocken hinein streuen. Zur Vermeidung von Klumpenbildung, ständig schnell umrühren. 30 Minuten köcheln lassen. Zum Schluss hin Salz hinzufügen. Solange kochen lassen, bis die gewünschte Konsistenz erreicht worden ist. Heiß mit Sahne, Honig, braunem Zucker oder gedünsteten Früchten servieren.

Schon lange vor dem Erscheinen der Kartoffel war der Hafer das Hauptnahrungsmittel im Winter und wurde auf verschiedene Art genutzt. Der Vollweizen wurde gemahlen, die Spreu entfernt und der „Schrot" blieb übrig. Wird dieser dann in Stücke gehackt, werden daraus kernige oder grobe Haferflocken. Diese Haferflocken können dann zu Hafermehl gemahlen werden, oder gestampft und gerollt als Haferflocken. Haferbrei wird entweder mit kernigem Hafermehl oder aus Haferflocken hergestellt. Haferflocken kochen schneller und werden viel öfter für die heutige Zubereitung von Haferbrei benutzt. Der Haferbrei ist ein einfaches, nahrhaftes Gericht und dank des neuen Ansehens, das der Hafer heute genießt, ein gesundes Gericht. Der Haferbrei ist heute so beliebt, wie er immer war – ein warmes und immer noch viel begehrtes Frühstück.

An Markttagen versammeln sich die Bauern nach wie vor zu einem Gespräch und zum Abschließen von Geschäften.

Volles irisches Frühstück

Für: 4 Personen

Zubereitung: 1'

Kochzeit: 10'

Schwierigkeitsgrad: ●

Geschmack: ●●

Kcal (pro Portion): 1256

Proteine (pro Portion): 45

Fett (pro Portion): 85

Nährwert: ●●●

- 4 dünne, geröstete Speckscheiben (vorzugsweise trockengepökelt. Die Rinde wird mit einer Schere alle 2 cm/1 Zoll abgeschnitten, um ein Kräuseln zu verhindern)
- 4 dünne, durchwachsene, geröstete Speckscheiben (vorzugsweise trockengepökelt und wie oben beschrieben zerschnitten)
- 8 Frühstücksschweinewürste
- 4 Tomaten, halbiert
- 4 Scheiben Blutwurst, von 2 cm/1 Zoll dick
- 4 Scheiben Leberwurst, von 2 cm/1 Zoll dick
- 4 Spiegeleier oder verlorene Eier
- 4 kleine Scheiben Brot
- 4 kleine Kartoffelkuchen (wahlweise)(siehe Rezept Seite 12)
- ein wenig Butter oder Öl

Tomaten, die Würste und die Blut- und Leberwurst grillen. Die halbierten und durchgeschnittenen Tomaten mit der offenen Seite nach unten anbraten. Im weiteren Verlauf umdrehen. Die Würste und Blut- und Leberwurst sorgfältig drehen, damit sie von allen Seiten gleichmäßig bräunen. In einer Bratpfanne ein wenig Speck erhitzen (oder Butter oder Olivenöl). Darin das Brot oder die Kartoffelkuchen braten, solange bis alles knusprig braun ist. Die Speckscheiben oben auf die gebratenen Würste und Blut- und Leberwurst legen. Grillen, bis das Fett knusprig und das Fleisch gar ist. In der Zwischenzeit ein wenig Fett in der Pfanne zerlassen, die Eier nur auf einer Seite braten und gelegentlich mit dem Fett beträufeln. Je nach Geschmack braten. Die meisten Leute bevorzugen die Eier mit einem weichen Eigelb. Die Speckscheiben, Würste, die Tomaten und die Blut- und Leberwurst mit dem Spiegelei servieren (auf dem gebratenen Brot). Als Beilage können ausreichend Vollkornschwarzbrot, Butter und eine große Kanne Tee gereicht werden.

- 4 geröstete Speckscheiben, (vorzugsweise trockengepökelt. Die Rinde alle 2 cm/1 Zoll abschneiden, um Kräuseln zu verhindern)
- 4 durchwachsene, geröstete Speckscheiben (vorzugsweise trockengepökelt und wie oben zerschnitten)
- 8 Frühstücksschweinewürste
- 4 halbierte Tomaten
- 4 Scheiben Blutwurst von 2 cm/1 Zoll dick
- 4 Scheiben Leberwurst von 2 cm/1 Zoll dick
- 4 Spiegeleier oder verlorene Eier
- ein wenig Butter oder Öl
- 110 g/4 oz Champignons (vorzugsweise groß, reif, offene Champignons)
- 4 Kartoffelkuchen oder kleine Kartoffelbrote (siehe Rezepte auf Seite 12 und 19)
- 2 Farls Griddle Bread/Soda Farls (siehe Rezept Seite 29)

Ulster Fry
(Nordirisches Frühstück)

Wenn Sie der Ansicht sind, dass das „volle irische Frühstück" schon ein sehr großes Frühstück ist, so ist das gar nichts im Vergleich zu dem Frühstück, das in Ulster verzehrt wird.

Würste, Speckscheiben, Blut- und Leberwürste, Tomaten und Eier auf die gleiche Weise wie beim vollen irischen Frühstück, braten.

1 Die Champignons in Scheiben schneiden (oder ganz belassen, wobei sich damit die Kochzeit erhöht) und in einer Pfanne mit ein wenig Butter braten. Die Champignons absorbieren die Butter und fangen an zu bräunen. Fügen Sie nicht weiter Butter hinzu. In einer weiteren Pfanne die Kartoffelkuchen in der Butter oder dem Speck braten.

2 Die Griddle Bread Farls horizontal spalten und ebenfalls in dem Speck braten.

Für: 4 Personen
Zubereitung: 5′
Kochzeit: 15′
Schwierigkeitsgrad: ●
Geschmack: ●●
Kcal (pro Portion): 1601
Proteine (pro Portion): 53
Fett (pro Portion): 101
Nährwert: ●●●

Geräucherter Hering

Für: 4 Personen
Zubereitung: ½′
Kochzeit: 3′
Schwierigkeitsgrad: ●
Geschmack: ●●
Kcal (pro Portion): 363
Proteine (pro Portion): 27
Fett (pro Portion): 27
Nährwert: ●●●

- 4 große oder 8 kleine Heringsfilets, ungefärbt
- 4 TL ungesalzene Butter
- schwarzer Pfeffer nach Geschmack
- Butter nach Geschmack (vorzugsweise Bauernbutter)

*D*ie Heringe werden warm verzehrt. Sie können gegrillt, in der Pfanne gebraten oder traditionell in kochendem Wasser erhitzt werden.

1 Einen großen, hitzebeständigen Krug verwenden, der groß genug ist, dass die Heringsfilets vertikal gut hineinpassen. Den Krug erwärmen und die Heringsfilets hineinlegen. Danach kochendes Wasser einfüllen, so dass die Filets bedeckt sind. Ungefähr 3 Minuten stehen lassen (nicht länger).

2 Aus dem Wasser herausnehmen und mit Küchenpapier trocken klopfen. In einen warmen Teller legen. Auf jedes Filet oben Butter einklopfen (auch geriebene frische Petersilie und Dill, falls vorhanden). Als Beilagen das Vollkorn-Sodabrot und die Butter reichen.

Zum Grillen der Heringsfilets ein wenig Butter oben auf jedes Filet träufeln. Bei mittlerer Hitze 2 bis 3 Minuten grillen, bis die Filets heiß genug sind, aber noch nicht gebräunt.
Beim Braten in der Pfanne eine ausreichende große Pfanne nutzen, damit alle Filets gut hineinpassen. Die Butter darin auflösen. Die Filets mit der Hautseite nach unten in die erwärmte Butter legen und 2-3 Minuten bei mittlerer Hitze erhitzen. Solange erhitzen, bis die Filets durchgewärmt sind, aber noch nicht gebräunt.

Geräucherter Lachs

Für: 4 Personen
Zubereitung: ½'
Schwierigkeitsgrad: ●
Geschmack: ●●
Kcal (pro Portion): 399
Proteine (pro Portion): 30
Fett (pro Portion): 15
Nährwert: ●●●

*I*st der Lachs noch nicht vorgeschnitten, Lachs sehr dünn schneiden und auf Teller legen. Den Lachs mit in Butter getauchten dunkle Sodabrotscheiben, Zitronenscheiben und einer Pfeffermühle zusammen, servieren. Jeder kann je nach Geschmack schwarzen Pfeffer zum Würzen hinzufügen. Viele Leute benutzen Paprika statt Pfeffer. Diese Zubereitungsweise ist jedoch weder traditionell noch empfehlenswert.

*Lachsfarm in Glenarm,
in der Grafschaft Antrim.*

- 450 g/1 Pfd. geräucherter Lachs
- 1 große Zitrone
- frisch gemahlener, schwarzer Pfeffer
- Vollkorn-Sodabrot und Butter

Geräucherter Lachs mit Kartoffelkuchen

- 8 Scheiben geräucherter Lachs
- 8 kleine Kartoffelkuchen, heiß serviert
- 125 ml/4 fl oz/½ Tasse Sauerrahm oder Crème Frâiche
- 2 EL Schnittlauch, fein gehackt
- frisch gemahlener, schwarzer Pfeffer

Für die Kartoffelkuchen:

- 450 g/1 Pfd. mehlig kochende Kartoffeln, gekocht und heiß püriert
- 60-175 g/2-6 oz/½-1 ½ Tasse Weißmehl
- ¾ TL Salz oder je nach Geschmack
- 2 EL zerlassene Butter
- 60 ml/2 fl oz/¼ Tasse Milch (ungefähr)

1 Für die Zubereitung des Kartoffelkuchens, zwei TL Mehl abnehmen und alle anderen Zutaten miteinander vermischen. Genügend Milch für einen ausreichend festen Teig hinzugeben. Mit dem zurückbehaltenen Mehl die flache Oberfläche bestäuben. Den Teig solange ausrollen, bis er 0,5 – 1 cm/¼-½ Zoll dick ist. Je nach Geschmack viereckige, dreieckige oder runde Formen schneiden. Auf einem ungefetteten Backblech backen (oder in einer schweren Bratpfanne) bis er auf beiden Seiten leicht braun ist. Heiß aus der Pfanne servieren oder erneut mit ein wenig Speckfett oder Butter braten. Er kann auch durch Erwärmen im Ofen oder Grill erneut erhitzt werden (ein wenig mit Butter bestreichen und braten bis alles heiß genug ist). Dieser Vorgang dauert 8-12 Minuten und ist abhängig von der gewählten Dicke und Form.

Für: 4 Personen

Zubereitung: 15′

Kochzeit: 10′

Schwierigkeitsgrad: ●

Geschmack: ●●

Kcal (pro Portion): 448

Proteine (pro Portion): 17

Fett (pro Portion): 18

Nährwert: ●●●

2 Zur Abrundung des Gerichts den Sauerrahm (oder die Crème fraîche) sowie den Schnittlauch untermischen und mit dem schwarzem Pfeffer würzen. Eine Scheibe geräucherten Lachs auf jeden Kartoffelkuchen legen. Falls notwendig zusammenlegen, damit der Lachs genau oben heraufpasst. Die Sauerrahm- (oder Crème fraîche) -Mischung darauf löffeln.

Dieses Gericht kann auch als Vorspeise oder leichter Snack gereicht werden.

Buttermilch- und Haferflocken-Pfannkuchen

- 600 ml/20 fl oz/2 ¼ Tassen Buttermilch (oder saure Milch)
- 150 g/5 oz/1 Tasse fein gemahlenes Hafermehl
- 100 g/3 ½ oz /großzügige ¾ Tasse selbsttreibendes Mehl
- 2-3 EL Honig
- 1 TL Natron
- 1 mittelgroßes geschlagenes Ei
- ausreichend Milch, damit aus der Mischung ein ziemlich dünner Teig entsteht

Für: 10-15 Stück (abhängig von der Größe)

Zubereitung: 5' (mit Einweichen über Nacht) Zeit für den Haferbrei

Kochzeit: 2' für jede Ladung Pfannkuchen

Schwierigkeitsgrad: ●

Geschmack: ●

Kcal: 184

Proteine: 8

Fett: 5

Nährwert: ●●●

*B*uttermilch in eine Schale gießen. Das Hafermehl hinzufügen und alles gut umrühren. Über Nacht einweichen lassen.

1 Am nächsten Tag zusammen mit dem Mehl und dem Backpulver sieben. Mit den Haferflocken vermischen.

2 Den Honig, das geschlagene Ei, sowie ausreichend Milch für einen Teig hinzufügen, der ein wenig dünner ist als ein normaler Teig für Pfannkuchen oder Crêpes.
Eine schwere Pfanne oder eine Gusseisenplatte mit ein wenig Butter einfetten. Bei mittlerer Hitze erhitzen. Sobald sie heiß ist, den Teig esslöffelweise darum legen. So belassen, bis der Teig aufgeht und sich kleine Blasen und Löcher oben zeigen. Auf die andere Seite legen. Isst sich am besten aus der Pfanne mit Butter und Honig, oder mit Honig und Schlagsahne. Als Beilage Früchtekompott reichen.

HINWEIS: Falls gemahlenes Hafermehl nicht verfügbar sein sollte, einfach kernige Haferflocken in einer Universalküchenmaschine mahlen.

Pfannkuchen

- 2 mittelgroße geschlagene Eier
- 110 g/4 oz/knapp 1 Tasse einfaches Mehl
- 125 ml/4 fl oz/½ Tasse Milch
- 125 ml/4 fl oz/½ Tasse Wasser
- 1 EL zerlassene Butter

Mehl in eine Schüssel geben und in der Mitte eine Kuhle machen. Die geschlagenen Eier hineingießen. Die Eier und das Mehl solange verquirlen, bis ein dicker Brei entsteht. Die Milch und das Wasser vermischen. Langsam mit dem Ei und dem Mehlbrei verquirlen. Zum Schluss sollte ein Teig entstehen, der die Konsistenz einer dünnen (einzelnen) Sahne besitzt. Eine Weile stehen lassen. Eine Bratpfanne erwärmen bis sie heiß ist.

Die Pfanne mit gefaltetem, in zerlassene Butter eingetauchtem Küchenpapier einreiben, so dass alles ebenmäßig gefettet ist. Ungefähr zwei EL des Teigs in die heiße Pfanne gießen. Anschließend schnell kippen, damit sich der Teig gleichmäßig auf dem Boden der Pfanne verteilen kann. Bei mittlerer Hitze braten, bis die Oberfläche des Pfannkuchens Blasen und kleine Löcher aufzeigt. Mit einem Palettenmesser umdrehen und auf der anderen Seite ein wenig kürzer braten. Umgehend heiß servieren und essen. Mit Zucker und Zitronensaft besprenkeln.

Gebratenen Pfannkuchen halten sich zwei oder drei Tage im Kühlschrank und können erneut erhitzt werden. Pfannkuchen sind ein beliebtes Gericht. Serviert mit einer pikanten oder süßen Füllung werden die Pfannkuchen auch als leichtes Gericht oder Dessert gegessen.

Für: 10-12 Stück

Zubereitung: 3'

Kochzeit: 1-2'
  für jeden Pfannkuchen

Schwierigkeitsgrad: ●

Geschmack: ●

Kcal: 89

Proteine: 4

Fett: 4

Nährwert: ●●●

VORSCHLÄGE FÜR DIE FÜLLUNG:
1-2 gestrichene Teelöffel gekochtes Apfelpüree, gedünsteter Rhabarber oder Beerenkompott in die Mitte jedes Pfannkuchens füllen. Danach zusammenrollen. Einige Teelöffel Apfelsaft in eine gut mit Butter eingefettete rechteckige Backform geben. Die zusammengerollten Pfannkuchen in einer Schicht in die Pfanne geben. In den Ofen bei 180°C/350°F/Gas 4 geben, bis sie durch und durch heiß sind. Eine pikante Füllung für Pfannkuchen, wie zum Beispiel eine sahnige Fischkuchenfüllung, sollte nicht mit Apfelsaft, sondern mit ein wenig Sahne erhitzt werden.

Kartoffeln

Einige edle Vollblutpferde am Nationalen Gestüt, Kildare.

Kartoffeln sind heutzutage für die irische Esskultur entscheidend. Dennoch ist die Verwendung der Kartoffel relativ neu. Bevor die Kartoffel im 17. Jahrhundert in Irland eingeführt wurde, aßen die Iren weitaus mehr Getreide: Hafer, Weizen, Roggen und Gerste. Ebenso wie die Italiener der Pasta zugetan sind, lieben die Iren nun die Kartoffel. Sie bevorzugen besonders die „mehlig kochenden" Kartoffeln. Das sind Kartoffelvarianten mit einem hohen Feuchtigkeitsgehalt und einem hohen Trockensubstanzgehalt. Die Mehrzahl der traditionellen Gerichte kommt besonders mit den mehlig kochenden Kartoffeln zur Geltung und nicht mit den „festkochenden" Kartoffeln, die in anderen Esskulturen bevorzugt werden. Im Frühsommer, zu Beginn der Kartoffelernte, kommen die „neuen" Kartoffeln mit einem höheren Feuchtigkeitsgehalt auf den Markt. Diese Kartoffeln werden für ihr Aroma geschätzt und einfach gekocht oder gedünstet, verzehrt. Die Haupterntekartoffeln werden später reif und normalerweise „alte" Kartoffeln genannt.

In Irland werden die Kartoffeln „mit der Schale" gekocht, d. h. ungeschält. Nachdem die Kartoffeln gar sind, werden sie normalerweise am Tisch geschält. Die Schalen werden dabei auf einen extra Teller gelegt (eine Methode, bei der der Nährwert der Kartoffel erhalten bleibt). Früher kochten die Leute, die an der Küste lebten, die Kartoffeln in Meerwasser. Mit diesem Vorgang sollte verhindert werden, dass die Schale rissig wird oder bricht, und dadurch Mineralien verloren gehen. Für Leute, die daran gewöhnt sind, feste und festkochende (normalerweise gelbfleischige) Kartoffeln zu kochen, stellen mehlig kochende Kartoffeln eine Herausforderung dar, da diese leicht in sich zusammenfallen können.

Koch- oder Dampfkartoffeln

KOCHEN „ALTER" (HAUPTERNTE-) KARTOFFELN:

Kartoffeln säubern und ausgiebig waschen, aber nicht schälen. Schwarze oder grünliche Verfärbungen an den Kartoffeln, sowie die Sprossen entfernen. Mit kaltem Wasser bedecken. Für salziges Wasser ausreichend Salz hinzufügen. Den Topf abdecken und zum Kochen bringen. Solange weiterkochen lassen, bis die Kartoffeln zart sind. Sofort abgießen und trocknen. Oben mit einem sauberen Geschirrtuch umwickeln. Die Kartoffeln bei geringer Hitze einige Minuten lang ziehen lassen. Den Deckel nicht wechseln. Die gekochten Kartoffeln müssen, sobald sie gar sind, serviert werden. Sieht das Rezept pürierte oder geschälte Kartoffeln vor, sollte püriert und geschält werden, solange die Kartoffeln noch heiß sind.

- 4 sehr große, 8 mittelgroße, oder 12 kleine Kartoffeln
- Salz

Für: 4 Personen

Zubereitung: 2′

Kochzeit: 20′-30′ oder bis sie weich sind (abhängig von der Größe)

Schwierigkeitsgrad: ●

Geschmack: ●

Kcal (pro Portion): 382

Proteine (pro Portion): 11

Fett (pro Portion): 1

Nährwert: ●●

KOCHEN „NEUER" KARTOFFELN:

Die Kartoffeln säubern und waschen. Kartoffeln nicht schälen. Einen Topf oder Heizkessel gesalzenes und ausreichend Wasser bereithalten zum Bedecken der Kartoffeln. Die Kartoffeln in das kochende Wasser legen. Schnell zum Aufkochen bringen und kochen lassen, bis die Kartoffeln weich sind. Die Kartoffeln abgießen. Oben mit einem Geschirrtuch umwickeln. Kartoffeln bei schwacher Hitze einige Minuten zum Trocknen stehen lassen.

Dampfkartoffeln

In Irland werden Kartoffeln nie bissfest serviert, sondern immer gekocht, bis sie ganz weich sind. Der Zeitpunkt, an dem die Schale der Kartoffel zerbricht und die Kartoffel auseinanderfällt, ist sehr kurz. Deshalb sollten die Kartoffeln gedämpft werden. Das Dämpfen nimmt etwas mehr Zeit in Anspruch. Aber es ist ein notwendiger Vorgang für die sogenannte „lachende Kartoffel", bei der sich die Haut leicht löst, die aber sonst ihre Form beibehält.

Kochendes Wasser unten in den Topf gießen. Die gewaschenen Kartoffeln in den Dampfkochtopf legen. Die Kartoffeln solange dämpfen lassen, bis sie weich sind. Auf die herkömmliche Art trocknen. Die Dampfkartoffeln brauchen länger bis sie auseinanderfallen. Einfach den Dampfkochtopf vom Herd nehmen und vor dem Servieren weder abtropfen noch trocknen lassen. Traditionellerweise werden Kartoffeln (Salzkartoffeln oder Dampfkartoffeln) in der Schale gekocht und auf einen kleinen Beilagenteller links vom Platzteller gelegt. Die Kartoffeln werden mit einem „potato ring" (Servierschale) oder einer Servierplatte von diesem Teller geholt und mit Messer und Gabel geschält. Die Schale wird auf dem Beilagenteller entsorgt. Die Kartoffeln werden auf den Platzteller gelegt.

Greencastle, Ruine einer Festung aus dem 13. Jahrhundert, die die Nordseite von Carlingford Lough, Grafschaft Down, bewacht.

Kleine Kartoffelpfannkuchen

Die Eier, das Mehl, das Backpulver und die Hälfte der Milch miteinander verquirlen. Umgehend die gestampften Kartoffeln einrühren und gut miteinander vermischen. Ausreichend Milch für einen dicken Teig hinzugeben. Mit Salz und frisch gemahlenem schwarzer Pfeffer würzen. Eine große teflonbeschichtete Pfanne oder eine Gusseisenplatte nehmen. Diese erhitzen und leicht einfetten. So viele EL Teig hineintropfen lassen wie in die Gusseisenplatte passen. Ungefähr 3 Minuten braten lassen oder solange, bis sich Blasen bilden und die Unterseite gut gebräunt ist. Mit einem Palettenmesser umdrehen und auf der anderen Seite bräunen lassen. Während der restliche Teig brät, warm halten.

- 4 große gekochte mehlig kochende Kartoffeln, die, während sie noch heiß sind, gestampft werden
- 2 Eier
- 3 ½ EL weißes Mehl
- 1 TL Backpulver
- 200 ml/7 fl oz/½ Tasse Milch
- Salz und frisch gemahlener, schwarzer Pfeffer

ZUSÄTZLICHES AROMA:

Als Beigabe eignen sich klein gehackte Schalotten (Frühlingszwiebeln), knusprig-braun und klein gehackte Speckscheiben oder gebratenen (und schließlich kleingehackte) Pilze.

Für: 4 Personen (ergibt 20 Stück)

Zubereitung: 3′

Kochzeit: 5-10′

Schwierigkeitsgrad: ●

Geschmack: ●

Kcal (pro Portion): 390

Proteine (pro Portion): 15

Fett (pro Portion): 7

Nährwert: ●●

Boxty
- traditionell irische Pfannkuchen

Ergibt: 8 Farls
Zubereitung: 20' (plus 1-2 Stunden
    Wartezeit, bis sich die Stärke
    absetzt)
Kochzeit: 30'-40'
Schwierigkeitsgrad: ●●
Geschmack: ●
Kcal (pro Portion): 347
Proteine (pro Portion): 9
Fett (pro Portion): 6
Nährwert: ●●

- 225 g/8 oz mehlig kochende Kartoffeln, roh geraspelt
- 225 g/8 oz mehlig kochende Kartoffeln, gekocht und heiß gestampft
- 225 g/8 oz/2 Tassen weißes Mehl
- ½ TL Backpulver
- 2 EL zerlassene Speck oder Butter
- ein wenig Buttermilch oder frische Milch
- 1 Prise Salz

1 Die rohen Kartoffeln direkt in ein sauberes Tuch raspeln. Das Tuch über die Schüssel halten, die Enden des Tuches fest verknoten und auswringen, damit die stärkehaltige Flüssigkeit der Kartoffeln in die Schüssel fließt. Nun die ausgewrungenen Kartoffeln in eine andere Schale legen und mit den heißen, gestampften Kartoffeln bedecken. (Dadurch wird verhindert, dass die geraspelten Kartoffeln durch Luftkontakt die Farbe verlieren). Die Flüssigkeit aus der ersten Schale setzt sich ab. Die Stärke tröpfelt auf den Boden. Vorsichtig die klare Flüssigkeit oben abgießen. Anschließend die Stärke sorgfältig mit den geraspelten und gestampften Kartoffeln vermischen. Das Mehl, das Backpulver und eine gute Prise Salz zusammen durchsieben. In die Kartoffelmischung mit Butter oder Speck untermischen. Mit der Milch und Buttermilch verquirlen, sodass ein fester Teig entsteht. Kneten, als ob ein Brotteig entstehen soll.

2 In 2 Teile teilen und auf einem bemehlten Brett ausrollen. Anschließend in Farls (Dreiecke) teilen, oder vorzugsweise mit einem Scone-cutter (Brötchenausstecher) Kreise ausstechen. Bei 180°C/350°F/Gas 4 30-40 Minuten lang backen. Heiß, aufgeschnitten und gebuttert, frisch aus dem Ofen essen.

Champp
(Gestampfte Kartoffeln, Schnittlauch und Butter)

- 1 kg /2 Pfd. 4 oz mehlig kochende Kartoffeln
- 1 großer Strauß (ungefähr 1 Tasse) Schalotten (Frühlingszwiebeln), geraspelt
- 250 ml/8 fl oz/1 Tasse Milch
- Butter nach Geschmack
- Salz und Pfeffer

Für: 4-6 Personen

Zubereitung: 5′

Kochzeit: 20′-30′ je nach Größe der Kartoffeln

Schwierigkeit: ●

Geschmack: ●

Kcal (pro Portion): 345

Proteine (pro Portion): 9

Fett (pro Portion): 11

Nährwert: ●●

1 Die Kartoffeln dünsten (vorzugsweise in ihrer Schale).

2 Mit Küchenpapier oder Geschirrtuch trocknen. Danach die Kartoffeln schälen.

3 Die Schalotten raspeln und in der Milch ein oder zwei Minuten lang köcheln. Warm halten.

4 Die Kartoffeln durch die Kartoffelpresse oder den Mouli geben oder sorgfältig pürieren.

*Eine Reihe pastellfarbener Häuser in Kinsale,
der Grafschaft Cork, berühmt für die Restaurants.*

Die Milch und die Zwiebelmischung hinzugeben.
Je nach Geschmack würzen und sorgfältig, nur
leicht mischen. Wenn die Mischung zu trocken
erscheint, kann mehr von der Milch hinzugefügt
werden. Sie sollte aber auf keinen Fall nass sein.
Erhitzen bis alles kochend heiß ist. Dieser Vorgang
kann ganz bequem mit einer Mikrowelle bei
mittlerer Hitze 5-7 Minuten lang erfolgen. Jede
Portion auf eine sehr heiße Platte legen. In der
Mitte eine Vertiefung mit einem guten Teil Butter
bilden, die wie ein kleiner See schmilzt.
Von außen nach innen essen. Jedes Mal mit der
Gabel in die Butter eintauchen.

VARIANTE (TRADITIONELL):

Als Ersatz 1 Tasse gekochter Erbsen oder einfache
Bohnen (letztere geschält und fein geraspelt) statt
der Schalotten oder gekochte, gehackte Zwiebeln,
gekochte, pürierte Petersilie, oder gekochte und
pürierte Kohlrübe, oder fein gehackte, junge
Brennnesselspitzen (in Milch gekocht bis sie
weich sind) oder gekochter, gehackter Spinat.
Der Schnittlauch, die Petersilie oder der Bärlauch
(fein geraspelt) werden direkt zu den Kartoffeln
zugegeben und nicht zuvor in der Milch gekocht.

Colcannon *(Kartoffel-Kohl Püree)*

Für: 6-8 Personen

Zubereitung: 15′

Kochzeit: 20-30′ je nach Größe
der Kartoffeln

Schwierigkeitsgrad: ●●

Geschmack: ●

Kcal (pro Portion): 251

Proteine (pro Portion): 6

Fette (pro Portion): 10

Nährwert: ●●

- 900 g/2 Pfd. mehlig kochende Kartoffeln
- 250 ml/8 fl oz/1 Tasse gekochter, fein gehackter Grünkohl (bei Colcannon mit Kohl Grünkohl weglassen und durch 250 ml/ 8 fl oz/1 Tasse fein gehackte Weißkohlblätter ersetzen)
- 250 ml/8 fl oz/1 Tasse sehr heiße Milch
- 1 Strauß Schalotten (Frühlingszwiebeln), fein gehackt (wahlweise)
- 4 EL Butter

Kartoffeln dünsten, bis sie weich sind. Oben ein sauberes Geschirrspülhandtuch herumwickeln und einige Minuten trocknen lassen. Anschließend durch einen Kartoffelpresse oder Mouli geben.

1 Das weiche Grünkohlblatt vom Stiel und den härteren Adern befreien. Den Stamm und die Adern ablegen. Die Blätter fein schnetzeln. Einen großen, rostfreien Stahltopf mit Salzwasser stark zum Kochen bringen. Die Kohlblätter hinzugeben und kochen lassen bis sie weich sind.

2 Umgehend unter kaltem, laufendem Wasser abgießen und auskühlen lassen. Dieser Vorgang ist entscheidend, wenn die hellgrüne Farbe erhalten bleiben soll. Danach abgießen. Anschließend die restliche Flüssigkeit auspressen.

3

3 Den Kohl mit der heißen Milch in eine Universalküchenmaschine geben. Solange verarbeiten, bis eine dicke grüne „Suppe" entsteht. Die Schalotten (falls benutzt) in eine kleine Pfanne mit Butter geben und genau 30 Sekunden weich werden lassen. Solange alles noch heiß ist, die Schalotten, Kartoffeln und den Kohl leicht, aber sorgfältig mischen, bis ein hellgrüner „Flaum" erzielt wird. Mit Salz und frisch gemahlenem schwarzen Pfeffer mischen. Erneut in der Mikrowelle oder (bedeckt) im Ofen erhitzen, bis alles kochend heiß ist. Mit noch mehr Butter servieren.

Colcannon wird an Halloween zur Grünkohlernte verzehrt. Oft wird in das Gericht ein Ring hereingelassen als „Anreiz". Dem Gericht ist auch ein Lied gewidmet. Von dem Lied, wie auch dem Rezept, existieren zwei verschiedene Versionen, die eine Variante mit Grün-, die andere Variante mit Weißkohl.

*Did you ever eat colcannon when 'twas made with yellow cream
And the kale and praties blended like the picture in a dream?
Did you ever take a forkful and dip it in the lake
Of heather-flavoured butter that your mother used to make?
Oh you did, yes you did! So did he and so did I
And the more I think about it, sure the more I want to cry.*

Für: 6 Personen
Zubereitung: 15′
Kochzeit: 20′
Schwierigkeitsgrad: ●
Geschmack: ●
Kcal (pro Portion): 227
Proteine (pro Portion): 7
Fette (pro Portion): 7
Nährwert: ●●

Klassische Kartoffelsuppe

*D*ie Butter in einer schweren Pfanne zum Schmelzen bringen. Die Zwiebeln oder den Lauch (mit dem Sellerie, falls verwendet) süßen und bei mittlerer Hitze braten, bis sie noch nicht braun sind. Flüssigkeit und Kartoffeln hinzufügen. Mit Salz und frisch gemahlenem schwarzen Pfeffer würzen. Köcheln, bis die Kartoffeln weich sind. Mit einem Passiergerät oder in einer Universalküchenmaschine pürieren. Anschließend wieder in die Pfanne geben und erneut erhitzen. Nun die Würze überprüfen. Heiß mit Gewürzen und ein wenig Schlagsahne servieren.

VARIANTEN:
Diesem Grundrezept kann geraspelter, knusprig gebackener Speck oder ein wenig restlicher, gekochter Schinken, oder sogar gewürfelte, gekochte Wurst beigefügt werden. Ein Meeresfrüchtegeschmack wird durch Beigabe von gehackten, gekochten Garnelen, Jakobsmuscheln oder Muscheln, erzielt. Varianten sind verschiedene frische Kräuter: Dill, Minze, Majoran oder sogar ein wenig Rosmarin.

- 1 kg/2 ¼ Pfd. geschälte mehlig kochende Kartoffeln (bei großen Kartoffeln geviertelt)
- 2 mittelgroße geschälte und gehackte Zwiebeln oder 2 große Lauchstangen, gesäubert und fein geschnitten
- 1-2 Stängel (weißer) Sellerie, fein geraspelt (wahlweise)
- 2 TL Butter
- 1 ½ Liter/2 Pts./6 Tassen halb Milch/ halb Wasser, oder Geflügelbrühe
- 3-4 EL gehackte Petersilie oder Schnittlauch
- ein wenig locker geschlagene Schlagsahne(wahlweise)

Kartoffelbrötchen

- 110 g/4 oz mehlig kochende Kartoffeln
- 15 g/½ oz aktive Trockenhefe
- 60 g/2 oz/knapp ¼ Tasse Zucker
- 450 g/1 Pfd./4 Tassen ungesiebtes Weißmehl, erwärmt
- 1 TL Salz
- 60 g/2 oz Butter, in kleine Stücken geschnitten
- 150 ml/5 fl oz/⅔ Tasse warme Milch
- 150 ml/5 fl oz/⅔ Tasse warmes Wasser
- 1 mittelgroßes, geschlagenes Ei
- extra Milch für Glasur

Ergibt: 15 Brötchen

Zubereitung: ungefähr 2 Std.
(zusätzlich der Zeit
für die Kartoffelvorbereitung)

Kochzeit: 20'

Schwierigkeitsgrad: ●●

Geschmack: ●

Kcal (pro Portion): 432

Proteine (pro Portion): 10

Fett (pro Portion): 12

Nährwert: ●●

1 Die Kartoffeln in Salzwasser kochen. Abgießen, 2 EL der Kochbrühe abnehmen. Die Kartoffeln schälen, während sie noch heiß sind. Mit der Kartoffelpresse oder dem Passiergerät bearbeiten. Warm halten. Dem entnommenen lauwarmen Wasserbad Hefe zugeben und einen Teelöffel Zucker. An einem warmen Platz stehen lassen, bis alles schaumig ist. Das Mehl und das Salz in eine Schüssel sieben. Die Butter hinein reiben. In der Mitte eine Vertiefung formen. Anschließend den restlichen Zucker und die warmen Kartoffeln dazugeben und alles gut vermischen. Die schäumende Hefemischung mit der warmen Milch, dem geschlagenen Ei und ungefähr der Hälfte des warmen Wassers kombinieren. (Sie werden nicht alles brauchen). Sehr gut kneten, bis ein glatter, weicher Teig entsteht (Wasser bei Bedarf zugeben). Bedecken und an einem warmen Platz stehen lassen. Der Teig braucht ungefähr eine Stunde um die doppelte Größe anzunehmen.

2 Auf eine gut bemehlte Oberfläche einklopfen. Erneut kneten und Brötchen formen. Auf ein eingefettetes Backblech legen. Viel Abstand zwischen den einzelnen Brötchen lassen. Mit einem Tuch bedecken und 20 Minuten gehen lassen. In der Mitte mit ein wenig Milch beträufeln. Bei 220°C/425°F/Gas 7 15-20 Minuten lang backen, bis der Teig goldbraun ist und beim Anstechen in den Boden hohl klingt. Die Brötchen werden vorzugsweise frisch verzehrt. Sie können jedoch auch eingefroren werden.

Kellys Bäckerei, Wexford.

Brot und Backwaren

Das Brot ist das Herzstück der irischen Backkunst. Dunkles (Vollkorn-) Brot auf der Basis von Buttermilch und Natron ist immer noch das Volksbrot und auch das Brot, was die meisten Besucher in Irland begeistert. In Irland wird dieses Brot gewöhnlicherweise als Braunbrot bezeichnet. Manchmal wird es Vollkornbrot genannt, in Ulster nennt man es Weizenbrot, sowie auch zuweilen Sodabrot (für die Unterscheidung zum braunen, Vollkornhefebrot). In vielen ländlichen Gebieten Irlands wird es noch „brauner Kuchen" oder „Sodakuchen" genannt. Dieser Brauch erinnert an das skandinavische Wort für ein flaches rundes Brot, das mit oder ohne Sauerteig war und unter dem Namen „kake" oder „kaak" bekannt war.

Zu der irischen Backtradition gehört eine große Palette an Broten, Milchbrötchen, Torten, süßem Teegebäck, süßen Keksen und süßen Kuchen. Nicht dazu gehören die aufwendigeren Kuchen, außer bei festlichen Gelegenheiten.

Die Backtradition ist bodenständig. Handwerkliche Bäcker benutzen Weizen und Hafermehl, Eier, aromatische, irische Butter, Honig, Früchte und Nüsse für die Herstellung von traditionellen Rezepten, die vom Geschmack her subtil sind und in der Textur variieren.

Dunkles (Vollkorn-) Sodabrot

Für den Grundteig:

- 450 g/1 Pfd./3 ¾ Tassen Vollkornweizenmehl
- 175 g/1 ½ oz einfaches Weißmehl
- 1 TL (großzügig) Natron
- 1 TL Salz
- ungefähr 450 ml/15 fl oz/knapp 2 Tassen Buttermilch (siehe nächstes Rezept)

Ergibt: 1 Laib

Zubereitung: 5′

Kochzeit: 45′

Schwierigkeitsgrad: ●●

Geschmack: ●●

Kcal (pro Portion): 304

Proteine (pro Portion): 9

Fett (pro Portion): 3

Nährwert: ●●●

Den Ofen auf 200°C/400°F/ Gas 6 vorheizen. Natron und Buttermilch reagieren schnell. Die Dauer ihrer Wechselwirkung ist jedoch kurz. Hier ist Schnelligkeit essentiell, wenn das Brot erfolgreich aufgehen soll. Das Mehl, das Salz und den Soda in einer Rührschale mischen. Ausreichend Buttermilch für einen weichen Teig zugeben. Die Hände und die Arbeitsoberfläche in Mehl tauchen. Leicht mit den Händen kneten, bis der Teig weich ist. Wichtig ist das Verständnis, dass dies ungewöhnlich für die Herstellung eines aufgehenden Hefeteiges ist. Nur wenig kneten. Kreise bilden von ungefähr 4 cm/1 ½ Zoll Tiefe. Oben mit einem scharfen, gut bemehlten Messer ein tiefes Kreuz einschneiden. Auf das Backpapier legen und 40-45 Minuten backen. Um zu sehen, ob der Teig schon fertiggebacken ist, als Test am Boden klopfen und auf das hohle Geräusch warten. Auf einem Ständer abkühlen lassen. Wird eine weiche Kruste gewünscht, in Tischwäsche einwickeln oder in ein baumwollenes Geschirrtuch. Noch am gleichen Tag verzehren.

VARIANTEN:

Durch die Zugabe von zwei gehäuften EL Weizen oder Haferkleie und ausreichend Flüssigkeit, um die Kleie aufzunehmen, wird eine leicht offenere Textur erreicht (ungefähr 60ml/2 fl oz/¼ Tasse).

ZUGABE VON GETREIDE, SAAT UND ANDEREN ZUTATEN:

Es gibt vermutlich genauso viele „geheime" Zutaten für das Grundrezept von Sodabrot wie es einheimische Köche gibt. Kerniges Hafermehl und Haferflocken sind gewöhnliche Beilagen, wie auch Weizenkeime. Während die Sesam- und Sonnenblumenkerne heute vermutlich an der Spitze der gewöhnlichsten Beilagen stehen, besitzt der Kümmel eine lange Tradition in der irischen Backkunst, besonders beim Getreidekuchen. Der Kümmel wird noch gelegentlich dem Sodabrot als besondere Überraschung zugegeben. Manchmal wird auch ein wenig Butter oder sogar ein Ei hinzugefügt und gelegentlich ein wenig Rübensirup/ Melasse. Die meisten Leute bevorzugen das grobe Vollkornmehl. Die Puristen dagegen bevorzugen den auf herkömmlicher Weise in einer Steinmühle gemahlenen Weizen. Es gibt viele handwerkliche Müller in Irland, die genau das machen.

Herstellen einer Buttermilchkultur

Zubereitung: 15′ plus 3′
alle fünf Tage
Kochzeit: keine
Schwierigkeitsgrad: ●
Geschmack: ●●●

Buttermilch ist ein Nebenprodukt bei der Butterherstellung und wichtige Zutat bei vielen traditionellen irischen Broten und Backwaren. Wenn Sie in einem Land leben, wo Buttermilch nicht erhältlich ist, erhalten Sie hier ein Rezept, mit dem eine Buttermilchkultur hergestellt werden kann. Diese besitzt jedoch nicht das gleiche Aroma. Wird diese als Triebmittel verwendet, verhält es sich genauso wie bei richtiger Buttermilch. Dies ist weitaus empfehlenswerter als frische Milch mit Zitronensaft, eine Zusammenstellung, die manchmal empfohlen wird. Das Prinzip ähnelt der Herstellung einer Joghurtkultur zuhause. Die Kultur lebt unbegrenzt. Wenn die Kultur jedoch nicht alle fünf Tage gefüttert wird, stirbt sie ab. Auf traditionelle Weise gibt man ein bisschen von der Pflanze einem Freund oder Nachbarn. Sollte dann Ihre Pflanze vernachlässigt sein, bekommen Sie davon etwas zurück.

- 1 EL Zucker
- 1 EL aktive Trockenhefe (erfolgt langsam)
- 600 ml/20 fl oz/großzügig 2 ½ Taschen frische Milch
- 125 ml/4 fl oz/½ Tasse kochendes Wasser

Die Hefe mit dem Zucker und ein wenig Warmwasser mischen. An einem warmen Ort stehen lassen, bis sie sich reaktiviert hat und eine schaumige Oberfläche besitzt. Kochendes Wasser hinzufügen und in die Hefemischung rühren. Die „Buttermilch" in ein großen Glas mit Schraubverschluss stellen (mindestens 1 ½ Liter/3 Pinten). An einem dunklen, warmen Platz stehen lassen. Jeden Tag das Glas leicht anstoßen. Nach 5 Tagen ist die Buttermilch gebrauchsfertig. Ein Sieb mit Buttertuch auskleiden, durch das Sie das kochende Wasser gegossen haben. Über eine große Schüssel halten. Die Mischung durch das Sieb gießen. Die durchlaufende Flüssigkeit wird für das Backen benutzt. Die geronnene Milch im Sieb mit warmem Wasser waschen, um jede Spur von Buttermilch zu beseitigen. Die geronnene Milch in das (sterilisierte) Glas geben. Die gleiche Menge an frischer Milch und kochendem Wasser, die für die ursprüngliche Kultur verwendet wurde, mischen und in das Glas mit der geronnenen Milch zufügen. Mit dem Deckel bedecken und an den gleichen dunklen, warmen Ort zurückstellen. Die zweite Kultur wächst schneller, ist auch in wenigen Tagen gebrauchsfertig und hält sich länger. Damit die Kultur lebendig und süß bleibt, muss dieser Prozess mindestens alle fünf Tage wiederholt werden.

Weißes Sodabrot

- 625 g/1 Pfd. 6 oz/5 ¼ Tassen Weißmehl
- 1 TL (großzügig) Natron
- 1 TL Salz
- ungefähr 450 ml/15 fl oz/ knapp 2 Tassen Buttermilch

Ofen auf 200°C/400°F/Gas 6, vorheizen. Das Mehl, das Salz und den Soda in einer Rührschale mischen. Nun ausreichend Buttermilch für die Herstellung eines weichen Teigs zugeben. Die Hände und die Arbeitsoberfläche in Mehl tauchen. Leicht mit den Händen solange kneten, bis der Teil weich ist. Einen Kreis von ungefähr 4 cm/1 ½ Zoll Tiefe bilden. Oben mit einem scharfen, gut bemehlten Messer ein tiefes Kreuz einschneiden. Auf Backpapier legen und 40-45 Minuten backen. Um zu prüfen, ob alles fertiggebacken ist, als Test am Boden klopfen und auf ein hohles Geräusch warten. Auf einem Ständer abkühlen lassen. Wird eine weiche Kruste gewünscht, in ein Tischtuch oder in ein baumwollenes Geschirrtuch einwickeln. Am gleichen Tag verzehren.

Für: 1 Laib
Zubereitung: 5′
Kochzeit: 40-45′
Schwierigkeitsgrad: ●●
Geschmack: ●●
Kcal (pro Portion): 307
Proteine (pro Portion): 9
Fett (pro Portion): 3
Nährwert: ●●●

VARIANTEN:

Es ist nicht schwierig, einfaches Brot in ein süßes Teebrot zu verwandeln. Man reicht das Brot als Snack mit Butter und manchmal mit Marmelade.

VARIANTE: FRUCHTSODA- ODER KORINTHENBROT

Das obige Rezept anwenden, aber zusätzlich 100 g/3 ½ oz (je) Sultaninen und Korinthen, zugeben. Manche Köche fügen einen EL Zucker (normalerweise braun), Honig oder Melasse hinzu. Letzteres ist bei weitem das traditionellste Verfahren und verleiht dem Brot eine dunklere, sattere Farbe.

VARIANTE:
GRIDDLE BREAD ODER SODA FARL

In den meisten Teilen Irlands ist das weiße Sodabrot gefärbt und wird wie dunkles Sodabrot gebacken. In Ulster jedoch wird es „Soda Farl" genannt oder „griddle bread" und normalerweise zu einem flachen, runden Kuchen von ungefähr 2 cm/¾ Zoll Dicke gerollt. Beide Seiten werden dann in vier gleichmäßige Teile geschnitten, die Farls, (Viertel) genannt werden. Der Kuchen wird dann leicht mit Mehl bestäubt und langsam (einmal umdrehen) auf einer Gusseisenplatte oder schweren Bratpfanne gebraten, bis er durch ist und auf beiden Seiten braun.

- 400 g/14 oz/3 Tassen Weißmehl
- 225 g/8 oz/1 ½ Tassen frisch gekochte, pürierte mehlig kochende Kartoffeln
- 1 TL Natron
- 1 TL Salz
- 500 ml/16 fl oz/2 Tassen Buttermilch

Kartoffel-brot

Ofen auf 200°C/400°F/Gas 6 vorheizen. Das Mehl, den Kartoffelbrei, Salz und Natron in einer Rührschale vermischen. Ausreichend Buttermilch für einen weichen Teig zugeben. Die Hände und die Arbeitsoberfläche mehlen. Leicht mit den Händen solange kneten, bis der Teil weich ist. Einen Kreis von ungefähr 4 cm/1 ½ Zoll Tiefe bilden. Oben mit einem scharfen, gut bemehlten Messer ein tiefes Kreuz einschneiden. Auf Backpapier legen und 40-45 Minuten backen. Um zu prüfen, ob es fertiggebacken ist, zum Test in den Boden einstechen und das hohle Geräusch abwarten. Auf einem Ständer abkühlen lassen. Für die Herstellung einer weichen Kruste in eine Tischdecke oder ein baumwollenes Geschirrtuch einwickeln. Noch am gleichen Tag verzehren.

Ergibt: 1 Laib
Zubereitung: 5'
Kochzeit: 40-45'
Schwierigkeitsgrad: ●●
Geschmack: ●●
Kcal (pro Portion): 478
Proteine (pro Portion): 15
Fett (pro Portion): 5
Nährwert: ●●

Körbe voller Brot aus dem Avoca Shop, in der Suffolk Street, Dublin.

Melassebrot

- 450 g/1 Pfd./4 Tassen einfaches, ungesiebtes Weißmehl
- 1 TL Salz
- 1 TL Natron
- 2 EL Rübensirup/Melasse
- 300-375 ml/10-12 fl oz/1 ¼-1 ½ Tasse Buttermilch

Ergibt: 1 Laib oder 4 Farls

Zubereitung: 5'

Kochzeit: 30-35'

Schwierigkeitsgrad: ●●

Geschmack: ●●

Kcal (pro Portion): 224

Proteine (pro Portion): 6

Fett (pro Portion): 2

Nährwert: ●●

Mehl, Salz und Natron in einer großen Schüssel sieben. Ein wenig von der Buttermilch und der Melasse zugeben. Zusammen erwärmen und umrühren, bis die Melasse völlig aufgelöst ist. Die Mischung hinzugeben sowie ausreichend von der einfachen Buttermilch zur Herstellung eines weichen Teigs. Die Eigenschaft des Mehls in Bezug auf die Flüssigkeitsaufnahme ist unterschiedlich. Davon hängt die Menge an Buttermilch für die richtige Konsistenz ab. Leicht kneten. Den Teig auf einer bemehlten Arbeitsoberfläche ausrollen und rund formen. Für den Laib Brot oben mit einem scharfen Messer ein tiefes Kreuz schneiden oder in vier Farls (Dreiecke) teilen. Bei 220°C/425°F/Gas 7 30-35 Minuten lang backen, bis er goldbraun ist und beim Klopfen am Boden ein hohles Geräusch zu hören ist.

Melasse hat ein sehr beliebtes Aroma, besonders in den nördlichen Grafschaften von Irland. Sie ist ein Nebenprodukt der Zuckerraffinerie. Die Farbe reicht von hellgold bis fast schwarz. In Irland und Großbritannien werden die helleren Varianten „goldener Sirup" genannt, die dunkleren „Melasse".

- 500 g/1 Pfd. 2 oz/4 Tassen einfaches Weißmehl
- 1 (knappen) TL Natron (Sodabrot)
- 1 TL (knapp) Backpulver
- 1 TL Salz
- 90 g/3 oz Butter, gewürfelt
- 1 geschlagenes Ei (wahlweise)
- ungefähr 200 ml/7 fl oz/1 knappe Tasse Buttermilch

Buttermilch Scones (im Ofen gebackenes Buttergebäck)

Ergibt: 8-12 Stück
Zubereitung: 5'
Kochzeit: 15-20'
Schwierigkeitsgrad: ●
Geschmack: ●
Kcal (pro Portion): 306
Proteine (pro Portion): 8
Fett (pro Portion): 12
Nährwert: ●●●

Mehl, Salz, Natron und Backpulver sieben. Die Butter hineinreiben, bis die Beschaffenheit dem Semmelmehl ähnelt. Schnell und leicht das Ei und die Milch untermischen. Für die Herstellung eines Teigs, der aufquillt und leicht auszurollen ist, ausreichend Flüssigkeit verwenden. Anschließend leicht kneten – nicht mehr als sechs Mal. 2-2 ½ cm/¾-1 Zoll dick ausrollen (abhängig davon, wie hoch und feucht das fertige Buttergebäck sein soll). Für ein gleichmäßiges Aufgehen die Plätzchen mit einem in Mehl getauchten scharfen, geriffelten Schneider oder mit einem scharfen Messer ausschneiden. Mit einem Palettenmesser auf das Backpapier legen. Umgehend bei 220°C/425°F/Gas 7 15-20 Minuten lang backen oder solange, bis der Teig gut hochgegangen und braun ist.

Scones sind die große Stütze der irischen Landküche. Sie können in ein paar Minuten zubereitet und warm aus dem Ofen bestrichen mit Butter und als Beilage Marmelade verzehrt werden. Scones werden zu allen Tageszeiten gegessen, zum Frühstück, am Vormittag, zwischendurch und zum Nachmittagstee. Einfache Scones können in eine Vielzahl von süßen oder herzhaften Broten verwandelt werden.

VARIANTEN: HERZHAFT
Für braunes Buttergebäck: eine Hälfte von dem einfachen Weißmehl und die andere Hälfte von dem fein gemahlenen Vollkornmehl benutzen. Käse: 175 g/6 oz/1 ¼ Tasse geraspelter Hartkäse (extra reifer Cheddar, reifer Gouda, Gabriel von der West Cork Cheese Company) und Parmesan hinzufügen. Mohn: Mit Milch bestreichen und oben das Buttergebäck mit Mohn bestreuen (ungefähr 2 EL).
Nüsse: 3-4 EL Walnüsse hinzufügen.

VARIANTEN: SÜSS
Sultaninen: 1 EL Zucker und 3 oder 4 EL Sultaninen untermischen. Apfel: 1-2 fein gehackte Dessertäpfel (geschält und entkernt) sowie einen TL gemahlene Muskatnuss oder Zimt. Aprikose: Etwa 7 getrocknete fein gehackte Aprikosen hinzufügen.

Oat Cakes
(Haferkekse)

Ergibt: 8

Zubereitung: 5'

Kochzeit: 45'

Schwierigkeitsgrad: ●

Geschmack: ●

Kcal (pro Portion): 111

Proteine (pro Portion): 4

Fett (pro Portion): 2

Nährwert: ●●

- 225 g/½ Pfd. mittelmäßig gemahlenes Hafermehl
- 30 g/1 oz/¼ Tasse Weißmehl
- ⅛ Tasse kochendes Wasser
- 2 EL geschmolzenes Speckfett oder zerlassene Butter
- eine gute Prise Natron
- eine gute Prise Salz

1 Weißmehl und Hafermehl in einer Schüssel vermischen. Kochendes Wasser in einen Messbecher gießen und Fett untermischen. Das Salz und das Natron dem Wasser beigeben und über die Hafermehl und die Mehlmischung kippen. Schnell alles vermischen und zu einem leichten Ball kneten. Der Teig sollte fest, aber nicht zu trocken sein. Der Bedarf der genauen Wassermenge hängt vom Wasseraufnahmevermögen des Mehls ab. Ein Nudelbrett mit noch mehr Hafermehl besprenkeln. Den Teig zu einem ziemlich flachen Kreis formen. Leicht und schnell zu einem dünnen Kuchen ausrollen, der ungefähr 18-23 cm/7-9 Zoll Durchmesser hat. Auf eine flache Backform oder Beiteller schieben. Die Ecken passend zurechtschneiden. Sollte sich der Teig beim Rollen spalten, mit den Fingern erneut zurechtdrücken.

2 In 8 Farls oder Dreiecke schneiden. Bei 180°C/350°F/Gas 4, etwa 45 Minuten lang backen. Der Kuchen sollte ganz schwach bräunlich sein. Luftdicht lagern. Vorzüglich mit Käse.

Karotten- und Rotalgenbrot

- 30 g/1 oz getrocknete Rotalgen, 5 Minuten lang in Wasser aufgeweicht
- 110 g/4 oz Butter, gewürfelt
- 1 große geschälte und geraspelte Karotte
- 4 mittelgroße Eier
- 60 g/2 oz/knapp ¼ Tasse Streuzucker
- 1 Prise Salz
- 255 g/9 oz/2 großzügige Tassen einfaches, ungesiebtes Weißmehl
- 1 ½ TL Backpulver

Ergibt: 1 Laib
Zubereitung: 10'
Kochzeit: 50'
Schwierigkeitsgrad: ●
Geschmack: ●●●
Kcal (pro Portion): 285
Proteine (pro Portion): 8
Fett (pro Portion): 8
Nährwert: ●●●

1 Rotalgen abgießen und mit Küchenpapier trocken klopfen, fein zerhacken. Das Innere einer 900 g/2 Pfd. Brotbackform bepinseln, dabei die geschmolzene Butter verwenden. In einer Schüssel die restliche Butter, die geraspelte Karotte, die Eier, den Zucker, Rotalgen und das Salz vermengen.

2 Mehl und Backpulver sieben und unter die Mischung schlagen. In die Brotbackform legen, die Oberfläche glätten und bei 200°C/400°F/ Gas 6 50 Minuten lang backen oder solange, bis der in die Mitte des Laibs eingeführte Spieß sauber herauskommt. Vor dem Herausnehmen in der Form abkühlen lassen. Am besten frisch verzehren.

Die Rotalge, auch „dulse" genannt, ist die traditionelle essbare Meeresalge. Sie ist gebrauchsfertig und getrocknet erhältlich. Gerry Galvin, einer der führenden und innovativsten Köche Irlands, hat dieses herzhafte Brot kreiert. Die Rotalge vermittelt einen Meeresgeschmack und gibt der Karotte einen Hauch von Süße. So wird es auch als Teegebäck verwendet.

- 255 g/9 oz/1 ¼ Tasse Rosinen
- 255 g/9 oz/1 ¼ Tasse Sultaninen
- 60 g/2 oz/knapp ¼ Tasse gemischte Schale (wahlweise)
- 225 g/8 oz/1 großzügige Tasse schwarzer Rohrzucker
- 500 ml/16 fl oz/2 Tassen heißer, starker, schwarzer, indischer Tee
- 350 g/12 oz/3 Tassen (ungesiebtes) Weißmehl
- 2 TL Backpulver
- 1 ½ TL Mischwürzung
- 2 mittelgroße, geschlagene Eier
- ein wenig Honig für die Glasur
- ein 20 cm/8 Zoll großes Kuchenblech (mindestens 7,5 cm/3 Zoll tief), eingefettet und mit Pergamentpapier (ungewachst) oder teflonbeschichtetem Papier ausgelegt
- Anreize, wie z.B. einen Ring, in das Süßbrot einlassen

Barm Brack
(Hefe- Rosinen- Brötchen)

Die Frucht, den Zucker und die Schale in eine Schüssel geben. Den heißen Tee darüber gießen. Gut umrühren, bis der Zucker sich aufgelöst hat. Anschließend über Nacht stehen lassen. Am nächsten Tag das Mehl, das Backpulver und das Mischgewürz in einer Schale sieben. Als Alternative das Ei und das Obst in das Mehl mischen, gut umrühren. Wenn die Eier und das Obst untergemischt sind, den Ring hinzufügen und gegebenenfalls andere Anreize. Sicherstellen, dass diese gleichmäßig in der Mischung verteilt sind. Sicherheitshalber in Pergamentpapier einwickeln.

Die Mischung in die bereitgestellte Backform geben und bei 160°C/325°F/Gas 3 ungefähr 1 ½ Stunden backen lassen. Ungefähr 10 Minuten bevor es fertig ist, die Oberfläche des Süßbrots mit warmem Honig bepinseln. Wieder in den Ofen stellen, bis alles gar ist. Vor dem Abkühlen auf einem Backrost, 15 Minuten in der Backform (glasierte Seite nach oben) abkühlen lassen.

In Scheiben geschnitten mit Butter essen. Dieses Rezept ist für feuchte Teerosinenbrötchen und hält sich 4-5 Tage, vorausgesetzt, dass es in einer luftdichten Backform gelagert wird.

Zubereitung: 10' (mit Einweichen über Nacht)
Kochzeit: 1 ½ Std.
Schwierigkeitsgrad: ●
Geschmack: ●●●
Kcal (pro Portion): 582
Proteine (pro Portion): 10
Fett (pro Portion): 6
Nährwert: ●●●

Brack, Irlands traditionelles Fruchtbrot, ist seit alters her ein Festgericht. Es wurde zu Lughnasa (erster Herbsttag und Beginn der Ernte), zu Samhain (erster Wintertag) zu Imbolc (St. Brigid's Day), dem ersten Tag im Frühling und zu Beltaine (erster Sommertag) verzehrt. Allerseelennacht (Halloween) ersetzt das vorchristliche Fest Samhain. Dennoch ist es die Nacht, an der Süßbrot in Irland gegessen wird. Ein Ring wird in das Süßbrot eingelassen. Er verkündet die Eheschließung im folgenden Frühjahr für den, der ihn findet. In einigen Teilen des Landes wird auch eine getrocknete Bohne für Ehelosigkeit, eine Bohne für Reichtum, ein Lumpen für Armut und ein Stück Streichholz, hineingetan. Das Streichholz sagt voraus, dass der Ehemann schlagen wird! Zum Ursprung des Namens Barm Brack existieren zwei Versionen: Die eine besagt, dass der Name von dem irischen bairgain breac (gesprenkeltes Brot) herstammt oder von der Nutzung der Bierhefe, Hefe, die aus gärendem Malz gewonnen wird. Bei zuhause zubereiteten Rosinenbrötchen wird nicht Hefe, sondern Backpulver benutzt. Sie werden „Tea Brack" genannt, weil die getrockneten Früchte in Tee eingeweicht werden.

Rhabarber-torte

- 1 kg/2 Pfd. 2 oz Rhabarber
- 110 g/4 oz/1 großzügige Tasse Zucker
- 1 Eiweiß, steifgeschlagen

Für den Kartoffelteig:
- 225 g/8 oz/1 ½ Tassen gekochte mehlig kochende Kartoffeln, heiß geschält
- 225 g/8 oz/2 Tassen ungesiebtes Weißmehl
- 1 gestrichener TL Backpulver
- 1 Prise Salz
- 180 g/6 oz Butter
- 1 kleines, geschlagenes Ei

*R*habarber säubern und in kurze Streifen schneiden. Mit Zucker in die Pfanne legen und ungefähr 10 Minuten köcheln lassen oder solange, bis der Rhabarber fast weich ist. Das Eiweiß unterheben und abkühlen lassen.

Für die Herstellung des Teigs die heiß gekochten Kartoffeln durch eine Kartoffelpresse oder eine Mouli geben. Mehl und Backpulver zusammen sieben. Die Butter einreiben. Die Kartoffeln leicht einrühren, ausreichend geschlagene Eier hinzufügen zur Herstellung eines festen Teigs. Das Brett oder die Arbeitsfläche mit Mehl bestäuben. Den Teig in zwei Teilen ausrollen.

Eine 20-25 cm/8-10 Zoll große Torten- oder Backform mit der Hälfte des Teigs bedecken. Mit dem Löffel (oder durch Gießen) die Füllung in die Teighülle geben und mit dem restlichen Teig abdecken. Bei 200°C/400°F/Gas 6 40-50 Minuten backen, bis der Teig durchgebacken und goldbraun ist. Warm mit Schlagsahne servieren.

Für: 4-6 Personen
Zubereitung: 15'
Kochzeit: 50-60'
Schwierigkeitsgrad: ●
Geschmack: ●●
Kcal (pro Portion): 391
Proteine (pro Portion): 8
Fett (pro Portion): 23
Nährwert: ●●●

In der Grafschaft Antrim stellten viele kleine Bäckereien dieses Gericht her. Der Ursprung des Wortes „Fadge" ist unbekannt. Das Wort ist weder gälisch, noch stammt es offensichtlich von den Schotten in Ulster. Das Wort wird auf verschiedene Weise verwendet. Bezeichnet wird damit ein dickes Weizenbrot, ein Kartoffelkuchen, der auf der Gusseisenplatte gebacken wird oder ein großes Haferplätzchen. Zuhause und in kleinen Bäckereien gilt die Apfelkartoffeltorte als herzhafter, mit Äpfeln gefüllter Kartoffelkuchen.

- 500 g/1 Pfd. 2 oz mehlig kochende Kartoffeln, gekocht, geschält, zerstampft und noch heiß
- 1 gute Prise Salz
- 2 EL Butter
- 110 g/4 oz/1 Tasse ungesiebtes Weißmehl
- 250 ml/8 fl oz/1 Tasse gekochtes lockeres Apfelmus

Apfelkartoffelkuchen

Für: 4 Personen

Zubereitung: 15′

Kochzeit: 20′

Schwierigkeitsgrad: ●●

Geschmack: ●

Kcal (pro Portion): 255

Proteine (pro Portion): 5

Fett (pro Portion): 5

Nährwert: ●●

1 Kartoffeln, Mehl, Butter und Salz mischen. Anschließend leicht kneten.

2 In Viertel schneiden und in 4 Kreisen ausrollen. Das Apfelpüree in den Zwischenräumen gleichmäßig aufteilen. Nur auf eine Seite des Kreises legen. Die andere Seite darüberlegen, wie bei der Zubereitung einer Apfeltasche oder Pastete. Durch festes Zusammendrücken die Ecken gut verschließen, damit sie sich beim Backen nicht öffnen können. Auf ein Backblech legen und bei 200°C/400°F/Gas 6 ungefähr 20 Minuten backen lassen oder bis sie braun und knusprig sind. Heiß servieren. Dieser Kuchen passt gut zu gegrillten Würsten oder Schweine-, Enten- oder Gänsefleisch. Wenn auch mit den Bramley Äpfeln das flaumigste Püree entsteht, so geht auch ein recht saurer Apfel, der mit etwas Zucker gesüßt werden kann.

Apfelkuchen aus Kerry

- 3 große gekochte Äpfel, geschält, entkernt und in Würfel geschnitten
- 225 g/8 oz g/2 Tassen ungesiebtes Weißmehl
- 100 g/3 ½ oz Butter
- 90 g/3 oz/knapp ½ Tasse Streuzucker
- 1 TL Backpulver
- ¼ TL Salz
- 1 extra großes geschlagenes Ei
- ¼ TL Muskatnuss, gerieben (oder gemahlener Zimt oder gemahlene Gewürznelke)
- 3 EL brauner Rohrzucker

Eine 20 cm/8 Zoll große Backform mit Butter einfetten. Danach mit Pergamentpapier auslegen. Das Mehl in eine Schüssel sieben, die Butter hinein reiben, bis eine semmelbröselartige Mischung entsteht. Das Salz, den Zucker und das Backpulver in einer kleinen Schüssel mischen. Dann unter die Mehlmischung rühren.

1 Die klein gehackten Äpfel und das Ei zugeben. Zu einem weichen Teig vermischen. Teig in die Backform geben.

Für: 4-8 Personen
Zubereitung: 15′
Kochzeit: 45-50′
Schwierigkeitsgrad: ●
Geschmack: ●●
Kcal (pro Portion): 293
Proteine (pro Portion): 4
Fett (pro Portion): 12
Nährwert: ●●●

2 Den Rohrzucker und die Gewürze mischen. Oben auf den Kuchen streuen. Sofort bei 180°C/350°F/Gas 4 ungefähr 45 Minuten lang backen, oder bis ein in die Mitte des Kuchens gesteckter Stab sauber herauskommt. Nach der Tradition wird der Kuchen heiß aus dem Ofen verzehrt. Er kann warm gereicht werden (oder sogar kalt), solange er frisch ist. Vorsichtig aufwärmen, wenn er erst am nächsten Tag verzehrt wird.

Apfelweinkuchen

Ein 23 cm/9 Quadratzoll großes, teflonbeschichtetes Backblech mit Butter einfetten.

1 Butter und Zucker cremig schlagen, bis alles leicht und locker erscheint. Mehl, Muskatnuss und Natron zusammen sieben. Einen Esslöffel der Mehlmischung in die Butter- und Zuckermischung schlagen. Danach die Eier zugeben. Die Hälfte des restlichen Mehls untermischen.

2 Apfelwein zugeben und vollständig unterrühren. Rest des Mehls untermischen. Anschließend die Mischung in die Backform geben. Die Apfelspalten (breite Seite nach oben)in die Mischung mit einem ebenmäßigen Muster legen. Umgehend bei 180°C/350°F/Gas 4 35-45 Minuten lang backen oder solange bis die Oberfläche goldfarben ist, der Kuchen beginnt, sich von den Seiten der Backform zu lösen und die Oberfläche sich bei Berührung elastisch anfühlt. Vor dem vorsichtigen Herausnehmen leicht in der Form abkühlen lassen. Mit der richtigen Seite aufstellen und die Oberfläche mit Puderzucker bestreuen. Dieser Kuchen wird auch warm als Dessert verzehrt. Schlagsahne eignet sich als Beilage.

Für: 8 Personen

Zubereitung: 15′

Kochzeit: 35-40′

Schwierigkeitsgrad: ●

Geschmack: ●●

Kcal (pro Portion): 338

Proteine (pro Portion): 6

Fett (pro Portion): 14

Nährwert: ●●●

- 110 g/4 oz Butter
- 110 g/4 oz/½ Tasse Streuzucker
- 1 TL Natron
- 225 g/8 oz/2 Tassen ungesiebtes, selbsttreibendes Weißmehl
- ½ TL frisch geriebene Muskatnuss
- 2 mittelgroße geschlagene Eier
- 200 ml/7 oz/¾ Tassen halbsüßer Apfelwein
- 2-3 saftige Speiseäpfel, geschält, entkernt und in Spalten geschnitten
- 1-2 EL Puderzucker für die Glasur

VARIANTE:
Den Apfel durch geschälte, in Scheiben geschnittene Tapfelbirnenspalten, ersetzen.

Äpfel gehören zum einheimischen Obst. Der Apfelwein wurde in Irland schon sehr früh hergestellt. Irland besitzt eine blühende Apfelweinindustrie.

In den Apfelanbaugebieten Irlands ist der Anblick der blühenden Äpfel-Obstgärten eine Augenweide. Am ersten Frühlingstages des St. Brigid's Day ist der

Apfelkuchen Tradition. Brigid ist die zweite Schutzheilige Irlands. Abgesehen von ihren vielen Fähigkeiten gilt sie auch als berühmte Bierbrauerin.

Suppen, Vorspeisen und leichte Mahlzeiten

Ein Wettkämpfer beim jährlichen Galway International Oyster (Austern) Festival.

Leichte, herzhafte Gerichte werden zu verschiedenen Tageszeiten in Irland verzehrt. Am Abend, als erster Gang (oft „Vorspeise" genannt), zum Abendessen und zum Mittagsessen als einzelne, leichte Mahlzeit. In den Bauernhäusern, besonders auf den Milchbauernhöfen, (synchron zum Melken der Kühe) wird das Hauptgericht zuweilen auch mittags eingenommen. Es wird die gleiche Palette an Gerichten wie für das Abendessen verzehrt. Einige der Gerichte werden sogar zum Frühstück gegessen!

Dubliner Herz- und Miesmuscheleintopf

Meeresfrüchte vollständig schrubben und säubern, so dass kein Grieß, Sand oder noch anhängende kleine Rankenfüße übrig sind. Alle Muscheln aussondern, die offen sind oder sich beim Anstoßen nicht leicht schließen lassen. In einen großen breiten Topf legen. Knapp mit Salzwasser bedecken. Zum Kochen bringen. Sobald die Muscheln offen sind, von der Kochstelle nehmen. Die Muscheln, die sich nicht geöffnet haben, entfernen. Es ist einfach, das Fleisch aus den Muscheln herauszudrücken. Dieser Vorgang sollte jedoch über einer Schale erfolgen, weil der Saft aus den Muscheln aufgefangen werden soll. Diesen Saft in den Topf gießen. Anschließend einen feinen Durchschlag benutzen, um die Kochflüssigkeit in die Schale abzugießen (diese Stufe ist notwendig für die Entfernung des restlichen Sands oder Grießes). Butter in einer sehr tiefen Pfanne zum Schmelzen bringen. Die Zwiebel, den Knoblauch, den Sellerie und die Karotte bei mittlerer Wärme erhitzen. Mehl unterrühren. Die Muschelflüssigkeit und die Milch hinzufügen. Rühren (oder verquirlen), bis alles gut vermischt und frei von Klumpen ist. Ungefähr 5 Minuten köcheln um das Mehl zu garen. Die Muscheln zugeben und durchwärmen. Umgehend mit den Kräutern und ein wenig Sahne garniert servieren.

Für: 6-8 Personen
Zubereitung: 15'
Kochzeit: 10'
Schwierigkeitsgrad: ●
Geschmack: ●
Kcal (pro Portion): 377
Proteine (pro Portion): 25
Fett (pro Portion): 19
Nährwert: ●●

- ungefähr 2 Dutzend Herzmuscheln (oder essbare Muscheln), ungefähr 3 Dutzend Miesmuscheln
- 3 EL Butter
- 2 EL Weißmehl
- 3 EL Zwiebeln, geschält und fein zerhackt
- 1 EL Sellerie, sehr fein gehackt
- 1 EL Karotten, sehr fein gehackt
- 2 Knoblauchzehen, geschält, zerstoßen und fein gehackt (wahlweise)
- Kochflüssigkeit aus den Herzmuscheln und den Miesmuscheln
- ausreichend Milch für 1,5 l/2 Pints/ 6 Tassen Flüssigkeit

Zur Verzierung:
- 2 EL Schnittlauch, fein gehackt
- 2 EL gehackte Petersilie
- ein wenig locker geschlagene Schlagsahne(wahlweise)

Molly Malone war eine berühmte Fischhändlerin in der schönen Stadt Dublin, in der sie gemäß einem Lied „ihre Schubkarre durch die breiten und engen Straßen schob und ‚lebende Herz- und Miesmuscheln, lebend'" rief. Als die Molly Bronzestatue am Trinity College am Ende der Grafton Street enthüllt wurde, fanden viele Bürger, dass diese „besser ausgestattet" sei als ein Mädchen ihrer romantischen Vorstellung. Der Dubliner Witz gab ihr darauf unverzüglich den Namen „Torte mit dem Karren"! Es ist eine Tradition geworden, sich mit Molly fotografieren zu lassen. Wann immer man dort vorbeikommt, sieht man Touristen (und Einheimische), die sich um die Statue herum versammeln.

Brennnesselsuppe

Für: 6 Personen
Zubereitung: 10'
Kochzeit: 18'
Schwierigkeitsgrad: ●
Geschmack: ●●
Kcal (pro Portion): 148
Proteine (pro Portion): 5
Fett (pro Portion): 8
Nährwert: ●

- 380 g/13 oz/2 großzügig Tassen mehlig kochende Kartoffeln, geschält und gewürfelt
- 150 g/5 oz/1 Tasse milde Zwiebeln, geschält und fein zerhackt
- 3 Tassen (eng abgepackte) Brennnesselspitzen, gewaschen und grob zerhackt
- 2 EL Butter (oder Speck-, Enten- oder Gänsefett)
- 1,5 l/2 Pts./6 Tassen Hühner- oder Truthahnbrühe

Zur Verzierung:
- 2-4 EL gehackte frische Petersilie oder Schnittlauch
- ein wenig locker geschlagene Schlagsahne

1 Die Butter in einem großen Topf zum Schmelzen bringen. Die Zwiebel und Kartoffeln darin anschwitzen, Brühe hinzugeben und garen, bis beides weich ist. Dies dauert bei mittlerer Hitze ungefähr 10 Minuten.

2 Brennnesselspitzen waschen, abgießen. Anschließend in den Topf geben und nur 5 Minuten köcheln lassen. Bei längerem Kochen lässt die hellgrüne Farbe nach und es entwickelt sich ein strenger Geschmack. Gartest machen. Die Suppe in einem Passiergerät oder in einer Universal-Küchenmaschine pürieren, bis sie glatt ist. In den Topf zurückgeben und erneut erhitzen. Mit einem Strudel aus Schlagsahne sowie der zerhackten Petersilie oder dem Schnittlauch garnieren.

VARIANTE:
BRUNNENKRESSESUPPE
Die Brennnesseln können durch 6 Tassen Brunnenkresseblätter ersetzt werden. Zu der traditionellen Verzierung gehören knusprig-gebackene Speckwürfel.

Brennnesseln wachsen wild in Irland. Sie sind ein traditionelles Frühlingsstärkungsmittel und werden gesammelt, wenn die Blätter noch jung und zart sind. Diese ehemalige Art Entgiftung besitzt eine tatsächliche wissenschaftliche Basis, da wilde Brennnesseln eisenhaltig sowie auch wertvoll für die Behandlung von Arthritis sind. Nur die zarten Spitzen pflücken und Handschuhe dabei verwenden.

- 1 EL Butter oder Olivenöl
- 100 g/3 ½ oz Bauchspeck zerhackt
- 225 g/8 oz Zwiebeln, fein zerhackt
- 2 Lorbeerblätter
- 450 g/1 Pfd. mehlig kochende Kartoffeln, geschält und zerhackt
- 500 ml/16 fl oz/2 Tassen Fischbrühe
- 300 ml/10 fl oz/1 ¼ Tassen Milch
- 700 g/1 ½ Pfd. gemischter, festfleischiger, weißer Fisch, gehäutet, entgrätet, in mundgerechte Teile zerschnitten
- 90 g/3 oz geräucherter Dorsch oder Schellfisch, gehäutet, entgrätet, in mundgerechte Teile zerschnitten
- 150 ml/5 fl oz/⅔ Tassen Sahne
- 700 g/1 ½ Pfd. Miesmuscheln, essbare Herzmuscheln, Venusmuscheln, leicht gekocht und enthäutet
- 225 g/½ Pfd. Garnelen, Kaumuscheln, Krabben, leicht gekocht und enthäutet
- viel frische Petersilie und/oder Schnittlauch, fein zerhackt

Seafood Chowder
(sämige Meeresfrüchtesuppe)

*B*utter in einem großen Topf zum Schmelzen bringen. Speck solange braten, bis er knusprig ist. Zwiebeln hinzufügen und solange braten, bis sie glasig sind (noch nicht braun). Die Kartoffeln, die Brühe, die Lorbeerblätter und die Milch hinzufügen. Solange kochen bis die Kartoffeln weich sind. Haben sich die Kartoffeln nicht genügend aufgelöst, je nach Geschmack mit etwas Flüssigkeit verdicken. Gabel zum Zerdrücken der Kartoffeln in der Suppe benutzen. Den Fisch hinzugeben und 2-3 Minuten köcheln lassen. Die Sahne beigeben und nur 30 Sekunden lang köcheln. Schließlich die Meeresfrüchte hinzufügen. Sobald die Flüssigkeit wieder den Siedepunkt erreicht, (innerhalb von Sekunden) Topf vom Herd nehmen. Je nach Geschmack mit Salz, frisch gemahlenem Pfeffer und den meisten Kräutern würzen. Umgehend heiß und frisch servieren. Mit den restlichen Kräutern garnieren.

Für: 6 Personen
Zubereitung: 30' (10' beim Kauf einer gebrauchsfertigen Fischsuppenmischung)
Kochzeit: ungefähr 20'
Schwierigkeitsgrad: ●●
Geschmack: ●
Kcal (pro Portion): 461
Proteine (pro Portion): 30
Fett (pro Portion): 27
Nährwert: ●●

Seafood Chowder ist eine beliebte irische Meeresfrüchtesuppe. Sie wird als Mittagsmahlzeit im ganzen Land verzehrt, besonders in den Küstengebieten. Einige Restaurants und Pubs ersetzen ungefähr ¼ des weißen Fischs durch Lachs. Dies geschieht aus Gründen der Sparsamkeit, denn Zuchtlachs ist billiger als wilder weißer Fisch. Vom Lachs sollte nur wenig verwendet werden, da sonst der starke Lachsgeschmack den feineren Geschmack verdrängt. Die sämige Fischsuppe wird normalerweise mit Vollkorn- oder knusprigem Brot verzehrt. So entsteht ein eigenes Gericht.

Räucherlachs mit wildem irischem Salat

- 450 g/1 Pfd. geräucherter Lachs
- 1 große Zitrone
- frisch gemahlener, schwarzer Pfeffer
- Dunkles Sodabrot und Butter

Für den wilden Salat:
- Wildkräuter *
- 1 EL Zitronensaft oder Apfelessig
- 3-4 EL Olivenöl
- ein wenig Meeressalz, frisch gemahlener, schwarzer Pfeffer

* Folgende Auswahl: wilder Sauerampfer, Brunnenkresse, ilde Bärlauchblätter (Bärlauch), Löwenzahnblätter, junge Buchblätter, junge Weißdornblätter, Feldsalat, Beinwell, Hornkraut, wilde Minze, Thymian, Majoran, Primelblüten, Borretsch, Kapuzinerkresse.

Für: 4 Personen

Zubereitung: 10′

Kochzeit: keine

Schwierigkeitsgrad: ●

Geschmack: ●●

Kcal (pro Portion): 393

Proteine (pro Portion): 30

Fett (pro Portion): 14

Nährwert: ●●

Den Lachs in dünne Scheiben schneiden und auf Teller legen. Salatblätter mit ein wenig Vinaigrette anrichten. Mit gebutterten, dunklen Sodabrotscheiben, Zitronenecken und Pfeffermühle servieren. Jede Person kann je nach Geschmack schwarzen Pfeffer zum Würzen hinzufügen.

Warme irische Blutwurst und karamellisierter Apfelsalat

- 350 g/12 oz Blutwurst
- 2 große, feste Speiseäpfel
- 90 g/3 fl oz fließender (flüssiger) Honig
- 175 ml/6 fl oz/¾ Tasse Balsamessig
- Olivenöl nach Geschmack
- gemischte Wildkräuter oder gemischte Salatblätter

Für: 4-6 Personen als Vorspeise

Zubereitung: 10'

Kochzeit: 10'

Schwierigkeitsgrad: ●

Geschmack: ●●

Kcal (pro Portion): 498

Proteine (pro Portion): 8

Fett (pro Portion): 14

Nährwert: ●●●

Der Hauptbestandteil der irischen Blutwurst ist Schweineblut gemischt mit gewürfeltem Schweinespeck, Zwiebeln, Kräutern, Gewürzen, Hafer oder Gerste. Es gibt Varianten in Beschaffenheit, Geschmack und Form. Das Rezept für die beliebte Clonakilty Variante (die in Irland und im Ausland erhältlich ist) ist traditionell. Es wird eine großporige Blutwurst mit einem sehr markanten Geschmack hergestellt. Blutwurst mit Äpfeln ist ein beliebter erster Gang. Diese eignet sich auch vorzüglich für ein leichtes Mittagessen.

Ofen auf 180°C/350°F/Gas 4 vorheizen. Die Blutwurst in runde Scheiben von 2,5 cm/1 Zoll Dicke schneiden. Auf ein teflonbeschichtetes Backblech legen und 5-10 Minuten backen. Äpfel entkernen und schälen, in sechs Teile schneiden. Mit Honig in einer backofenfesten Pfanne braten, bis sie karamellisiert sind. Essig hinzufügen. Weitere fünf Minuten in den Ofen stellen. Äpfel aus der Pfanne nehmen, Saft dabei aufbewahren und auf vorgewärmte Servierteller legen. Für das Salatdressing, umgehend den aufbewahrten Saft aus der Pfanne mit Olivenöl, je nach Geschmack, mischen. Mit ein wenig Salz und schwarzem Pfeffer würzen und verquirlen. Salatblätter in die Mitte des Tellers legen. Mit ein wenig Dressing beträufeln. Die Blutwurst oben herauflegen. Umgehend mit ein wenig Vollkornbrot servieren.

Warmer Specksalat mit Blattspinat

*E*ine Mischung aus leicht bitteren Salatblättern, wie Rucola, Frisée (gekräuselt) Endivien, Babyspinat, Feldsalat und Brunnenkresse, zubereiten. Die Blätter waschen, trocknen und auf einen Servierteller legen. Den Speck in Streichholzform schneiden. Einen EL Öl in der Pfanne erhitzen. Die Speckscheiben braten und häufig umdrehen. Solange braten, bis das Fett zerlaufen ist und der Speck eine hellbraune Farbe angenommen hat und knusprig ist. Die Pfanne von der Kochstelle nehmen. Speck auf Küchenpapier legen. 3-4 Esslöffel Speckfett beibehalten. Falls zuviel davon da ist, entfernen. Den Essig zugeben. Die Pfanne unter kräftigem Umrühren und Auskratzen der knusprigen

Stücke in der Pfanne ablöschen. Die restliche Wärme wird für den Essig gebraucht, der sich auf die Hälfte reduziert. Den Pfanneninhalt für das Dressing der Blätter verwenden. Wenden, um sie zu marinieren. Durch das heiße Dressing werden sie etwas zusammenfallen. Den Speck oben mit Käseraspel besprenkeln. Umgehend mit frischem weißen Sodabrot oder herzhafte Scones, um den Saft aufzusaugen, verzehren.

- 110-175 g/4-6 oz gemischte bittere Salatblätter
- 225 g/8 oz dick geschnittene, geröstete Speckscheiben (vorzugsweise trockengepökelt), Rinde entfernt
- 1 EL Olivenöl
- 2-3 EL Apfelessig
- frisch gemahlener, schwarzer Pfeffer
- Hobel vom Irish Gabriel oder Desmond Käse aus West Cork (Parmesan, oder ersatzweise gutgereifter Manchego)

Für: 4 Personen
Zubereitung: 5'
Kochzeit: 5'
Schwierigkeitsgrad: ●
Geschmack: ●●●
Kcal (pro Portion): 501
Proteine (pro Portion): 14
Fett (pro Portion): 47
Nährwert: ●●●

Geräucherte Ente mit Rote Bete und Orange

Für: 4 Personen, als Vorspeise
Zubereitung: 5'
Kochzeit: 1-2 Std.
Schwierigkeitsgrad: ●
Geschmack: ●●●
Kcal (pro Portion): 110
Proteine (pro Portion): 13
Fett (pro Portion): 1
Nährwert: ●●

- 175-225 g/6-8 oz geräucherte Ente, dünne Scheiben
- Saft von 1 Orange
- 1 TL Orangenschale
- 4 Blätter knackiger Romanasalat (oder andere knackige Salatblätter)
- 425 g/1 Pfd. Rote Bete

D ie geschälten und gekochten Rote Bete (vakuumverpackt) eignen sich gut zu diesem Gericht. Sonst können auch kleine junge Rote Bete verwendet werden. Die Rote Bete solange kochen, bis sie ohne vorheriges Schälen weich sind (1-2 Stunden). Die gekochten Rote Bete schälen und in große Würfel schneiden (dabei Gummihandschuhe tragen). Mit Orangensaft anrichten. Auf jeden Servierteller ein Romanasalatblatt legen. Darin die gewürfelten Rote Bete einwickeln. Mit Orangenschale bestreuen. Mit der geräucherten Ente servieren.

Das Galway Austernfestival findet die ganze Woche über statt, zur Feier der Eröffnung der einheimischen Austernsaison im September. Dieses großartige Festival zieht Besucher aus der ganzen Welt an, die enormen Mengen von Austern konsumieren, an anderen Austernwettbewerben teilnehmen und beim Austernball die ganze Nacht hindurch tanzen.

Austern auf irische Art

Die Austern müssen gut verschlossen sein. Jede Muschel, die auch nur ein wenig geöffnet ist, sollte entfernt werden.

- ■ 1 Dutzend Austern pro Person ist eine großzügige Portion – vielen genügt ein halbes Dutzend
- ■ Vollkorn-Sodabrot und Butter
- ■ 1 Pint Glas Starkbier (Guinness, Murphy's, Beamish, oder ein spezielles aus einer Mikrobrauerei)

Für: 1 Person

Zubereitung: 10'

Kochzeit: keine

Schwierigkeitsgrad: ●

Geschmack: ●●●

Kcal (pro Portion): 268

Proteine (pro Portion): 14

Fett (pro Portion): 2

Nährwert: ●

1 Zum Aufbrechen werden die Austern auf die Arbeitsfläche gelegt, wobei die runde Seite nach unten zeigen sollte. Hände mit einem Tuch umwickeln. Auster in die linke Handfläche legen, mit der flachen Seite nach unten. Die Spitze eines kurzen, stumpfen Austernmessers ins Scharnier drücken.

2 Den Mittelfinger der linken Hand auf die Auster drücken. Messerschneide nach links und rechts bewegen. Zum Öffnen der Auster anschließend (vorsichtig) das Messer ruckartig hochziehen. Auster von ihrer Wurzel befreien. Die beste Seite nach oben drehen. Aufpassen, das von dem köstlichen Saft nichts verloren geht.

Die Saison für die einheimischen, irischen Austern geht von September bis April (alle Monatsnamen, die ein „r" im Namen haben). Pazifische Austern werden jetzt rund um die Küste angebaut und das ganze Jahr über geerntet. Schon seit der Ankunft der ersten Jäger und Sammler auf der Insel vor neuntausend Jahren aßen die Iren mit Begeisterung Austern. Es wurden große Schalenhaufen im Küchenabfall an den Flussmündungen gefunden, wo es zahlreiche Austern gab.

Wahre Austernliebhaber verzichten auf jegliche Beilage und verzehren die Auster direkt aus der Schale. Die Auster wird direkt mit dem zurückbleibenden Saft hinuntergespült. Zuweilen wird ein Teller mit Vollkorn-Sodabrot und Butter bereitgestellt. Dieser dient ausschließlich dazu, das traditionelle Pint Starkbier aufzunehmen, das die Leute beim Verzehr der Austern trinken. Es existiert sogar eine sehr gute Mikrobrauerei in Dublin, die einem ihrer Starkbiere durch Austern Geschmack verleiht.

MIESMUSCHELN

Es existieren zwei prinzipielle Arten der Miesmuschelzubereitung: Die ältere Art mit Milch oder Schlagsahne für eine reichhaltige Suppe oder mit Wein, einem leichten Bier oder Apfelwein. In den heutigen Restaurants ist es modern, die Miesmuscheln in Halbschale mit Knoblauchbutter und viel Braunbrot zu servieren, um den Saft aufzusaugen. Bei dieser Zubereitungsart, wenn auch sehr schmackhaft, handelt es nicht um die traditionelle Miesmuschelzubereitung.

Miesmuscheln mit Wein

- ■ 48 Miesmuscheln
- ■ 1 Tasse trockener Weißwein
- ■ 2-4 Knoblauchzehen
- ■ 1 Zwiebel
- ■ 1 EL Butter
- ■ 1 Handvoll frisch gehackte Petersilie
- ■ Salz und frisch gemahlener, schwarzer Pfeffer nach Geschmack

Muscheln sehr sorgfältig auswählen. Sie sollten entweder gut verschlossen sein, oder sich schon bei starkem Klopfen umgehend schließen. Die Muscheln ganz mit einer harten Bürste säubern. *Beards* (die Faserbüschel, die aus der Muschel herausragen) entfernen. Miesmuscheln in einen großen Topf legen. Auf traditionelle Art wurden die Muscheln in ein wenig Meerwasser gelegt. Jedoch ist in diesem Stadium noch keine Flüssigkeit notwendig. Topf mit Deckel bedecken und erwärmen. Die Muscheln garen in dem Wasser, das in ihrer Schale enthalten ist. Dieser Vorgang dauert nur kurz.

Wenn die Muscheln alle offen sind (alle Muscheln entsorgen, die geschlossen sind) die obere Schale entfernen. Dieser Vorgang muss vorsichtig über dem Kochtopf erfolgen, damit der

auslaufende Saft aufgefangen wird. Die Miesmuscheln in der unteren Halbschale in eine Schüssel über einem Dampfkochtopf geben, damit sie warmgehalten werden. Butter in einem Topf zum Schmelzen bringen. Die fein gehackten Zwiebeln und den Knoblauch darin dämpfen. Wein zugeben und eine Weile brodeln lassen. Hitze drosseln. Nun die Muscheln und ihren Saft hineinkippen und solange darin belassen, bis sie ganz erwärmt sind. Umgehend mit gehackter Petersilie bestreuen. Miesmuscheln werden durch Überkochen sehr schnell hart. Aus diesem Grund sollte der Weinanteil der Muscheln im Topf nicht reduziert werden. Mit genügend dunklem Sodabrot servieren, damit die köstliche Suppe aufgesogen werden kann. Den restlichen Wein oder Starkbier dabei trinken.

Für: 4 Personen
Zubereitung: 10'
Kochzeit: 2-3'
Schwierigkeitsgrad: ●
Geschmack: ●●●
Kcal (pro Portion): 119
Proteine (pro Portion): 10
Fett (pro Portion): 3
Nährwert: ●

Hauptgerichte

Fischkutter am Dingle Hafen in der Grafschaft Kerry.

Irische Hauptgerichte bestehen traditionell und ihrer Bedeutung nach aus dem Herzstück: Rotfleisch, Geflügel, sowie Haarwild oder Wildgeflügel, Fisch oder Meeresfrüchte. Gelegentlich dienen als Basis Eier oder Käse. Dazu werden gleichzeitig als Beilage Kartoffeln, manchmal auf verschiedene Weise gekocht, ein oder zwei einfach gekochte Gemüsesorten oder ein Salat serviert. Traditionellerweise waren Eintopf- und Schmortopfgerichte, für die weniger teure Fleischstücke verwendet wurden, beliebt für einen Wochentag und ein Familienessen. Fleisch, Geflügel oder Wild sowie Gemüse köcheln zusammen als ein Eintopfgericht. Als Beilage dazu gibt es Kartoffeln. Heutzutage arbeiten die meisten irischen Frauen außer Haus. Deshalb werden diese köstlichen zeitaufwendigen Gerichte am Wochenende gekocht, wenn die ganze Familie zuhause ist und mithelfen kann. Während der Woche sind eher schnell zubereitete, gekochte Mahlzeiten wie gegrilltes, gebratenes oder geröstetes Fleisch, Wild oder Fisch, die Regel.

Irish Stew

Für: 4-6 Personen
Zubereitung: 5'
Kochzeit: 2 ½-3 Std.
Schwierigkeitsgrad: ●
Geschmack: ●
Kcal (pro Portion): 379
Proteine (pro Portion): 39
Fett (pro Portion): 4
Nährwert: ●●

- 1,4 kg/3 Pfd. geschälte Kartoffeln
- 1 kg/2 ½ Pfd. geschmortes Lamm (Lammkeule oder Hals)
- 450 g/1 Pfd. gehackte Zwiebeln
- 5 EL frische, gehackte Petersilie
- 1 EL frischer, gehackter Thymian
- 250-500 ml/8-16 fl oz/1-2 Tassen Wasser
- Salz und frisch gemahlener, schwarzer Pfeffer

Kartoffeln schälen. Kartoffeln ganz lassen, sofern sie nicht sehr groß sind. Die Fleischknochen und ein bestimmter Fettanteil sind für den Geschmack des Irish Stew wichtig. Kartoffeln absorbieren einen großen Teil des Fett- und Fleischgeschmacks. Das Fleisch wird nicht in Würfel geschnitten, sondern in großen Stücken belassen. Ist das Fleisch ausreichend durchgegart, fällt es vom Knochen, der dann auf dem Teller keine Gefahr darstellt. Den Boden eines schweren Topfes oder einer Kasserolle mit einer Zwiebelschicht belegen. Das Fleisch darauf legen. Mit Salz und dem Pfeffer würzen. Mit frischer Petersilie großzügig bestreuen sowie weniger großzügig mit gehacktem, frischen Thymian. Eine Schicht aus den restlichen Zwiebeln und den Kartoffeln bilden und zum Schluss aus den Kräutern. Die Wassermenge ist abhängig davon, wie fest der Verschluss zwischen Topf und Deckel ist. Zum Kochen bringen und fest bedecken. Entweder auf der Herdplatte köcheln lassen oder im Ofen bei 150°C/300°F/Gas 2 2 ½ bis 3 Stunden backen.

Das fertige Irish Stew sollte feucht, aber nicht zu flüssig sein. Während des Kochens nur ein wenig Wasser zugeben, wenn es nach Ihren Geschmack noch zu trocken erscheint. Die mehlig kochenden Kartoffeln lösen sich teilweise in der Flüssigkeit auf, sie dicken ein wenig ein, festkochende Kartoffeln dagegen nicht. Es ist eine Geschmacksfrage, welche Kartoffeln benutzt werden. Manche Leute bevorzugen die Mischung. Mit viel gehackter frischer Petersilie servieren. Karotten, die separat gekocht werden sollten, eignen sich als die perfekte Beilage.

Das ist der klassische weiße Eintopf. In einigen Gebieten Irlands werden dem Irish Stew die Karotten beigegeben. Die Puristen sind jedoch der Auffassung, dass damit der einfache, reine Geschmack des Gerichts verloren geht.

- 500 g/1 Pfd. 2 oz Speckwürfel, oder ein Bauchspeckkeule, gewürfelt
- 500 g/1 Pfd. 2 oz qualitativ gute (gehaltreiche) Irische Frühstück sschweinewürste
- 3 große Zwiebeln, geschält und zerhackt
- 1,4 kg/3 Pfd. mehlig kochende Kartoffeln, geschält (oder eine Mischung aus mehlig kochenden und festkochende Kartoffeln)
- 6 EL frische, gehackte Petersilie
- frisch gemahlener, schwarzer Pfeffer
- 500 ml/16 fl oz/ 2 Tassen Wasser

Für: 4 Personen

Zubereitung: 10'

Kochzeit: 2-5 Std.

Schwierigkeitsgrad: ●

Geschmack: ●●

Kcal (pro Portion): 1487

Proteine (pro Portion): 36

Fett (pro Portion): 121

Nährwert: ●●●

Dubliner Eintopf
mit Würstchen und Speck

*K*artoffeln in ziemlich große Stücke schneiden (ganz lassen, wenn sie klein sind). Die frische Petersilie zerhacken. Einen schweren Topf mit einem gut abschließenden Deckel nehmen. Auf den Topfboden eine großzügige Zwiebelschicht legen sowie die anderen Zutaten. Jede Schicht großzügig pfeffern. Das Wasser zugeben und zum Kochen bringen. Anschließend Hitze zu einem schwachen Köcheln reduzieren. Sehr dicht verschließen. 2-5 Stunden kochen. Je länger und je langsamer der Kochvorgang verläuft, umso besser wird das Gericht gelingen. Sofern der Deckel dicht verschlossen ist, kann dabei nichts daneben gehen. Am besten eignet sich eine niedrige Ofentemperatur, eingestellt auf 120°C/250°F/Gas ½. Manche Leute verabscheuen den Anblick gekochter Würste, weil diese sehr blass wirken und nicht die braune Farbe besitzen. Um diesen Anblick zu verhindern, können kurz vor dem Servieren alle Würste oben aufeinandergelegt und der Topf für die Bräunung der Würste in einen Grill gestellt werden. Als Alternative können auch die Würste separat im Grill vor dem Servieren gebräunt werden. Der Dubliner Eintopf mit Würstchen und Speck wird mit weißem Sodabrot und Butter sowie mit Flaschen Starkbier, gereicht. Der Dubliner Eintopf kann auch mit schnell gekochtem Grünkohl serviert werden.

Der Dubliner Eintopf, angebliches Lieblingsgericht von Jonathan Swift, dem Dekan der St. Patricks Kathedrale und Autor der berühmten Gullivers Reisen, wird heutzutage kaum noch außerhalb von Dublin verzehrt. Im Bereich der Innenstadt, die als The Liberties bekannt ist, ist es ein beliebtes Gericht für den Samstagabend sowie auch bei Beerdigungen – eine bescheidenere

Version des „gebackenen Beerdigungsfleisches", das bei den meisten größeren Beerdigungen verzehrt wird. Das hat rein praktische Gründe: Es verdirbt nicht, wenn es noch eine weitere Stunde, oder auch zwei, kocht. In Dublin sind die Speckwürfel Reststücke verschiedenster Speckteile, normalerweise eine Mischung aus hellem oder geräuchertem Speck, der billig in den

Schlächtereien in Dublin für den Dubliner Eintopf angeboten werden. Normalerweise besteht die Mischung aus fett und mager. Mit Bauchspeck, der aus dem Bauch des Schweins geschnitten wird, kann dieses Gericht auch hervorragend zubereitet werden. Gewöhnlicherweise wird die Haut beibehalten für einen extra guten Geschmack. Beim Verzehr wird die Haut entfernt und auf den Teller gelegt.

- 8 frische Austern
- 8 Dubliner Buchtgarnelen (Langoustinen)
- 100 g/3 ½ oz geschälte Krabben
- 4 Jakobsmuscheln
- 16-32 Miesmuscheln(frisch oder geräuchert)
- 16-32 essbare Muscheln oder essbare Herzmuscheln
- 12-16 Meereskrebszehen (Klauen) oder 100-150 g weißes Krabbenfleisch
- 100 g/3 ½ oz geräucherter Lachs
- 2 geräucherte Makrelenfilets (oder geräucherte Forelle oder geräucherter Aal), geschält und halbiert
- gegrillter Lachs (heiß geräuchert), wahlweise
- 125 ml/4 fl oz/½ Tasse Mayonnaise
- 2 große Zitronen, halbiert
- 4 Hände voll gemischter Salatblätter
- Vollkorn-Sodabrot und Butter

Für: 4 Personen
Zubereitung: 15-20'
Kochzeit: 5'
Schwierigkeitsgrad: ●●
Geschmack: ●●●
Kcal (pro Portion): 602
Proteine (pro Portion): 34
Fett (pro Portion): 35
Nährwert: ●●

Meeresfrüchte-Platte

Austern werden normalerweise roh in Irland verzehrt. Mit einem Austernmesser aufstemmen (ausführliche Informationen finden Sie auf der Seite 47). Mit der Halbschale servieren.

1 Die Miesmuscheln, die essbaren Herzmuscheln und die essbaren Muscheln: Unter laufendem Wasser schrubben und waschen. Jene aussondern, die Sprünge haben und sich bei Anklopfen nicht schließen. Die Miesmuscheln, essbaren Herzmuscheln und essbaren Muscheln in eine große Pfanne bei mittlerer Hitze geben. 2-3 EL Wasser hinzufügen. Mit dem Deckel verschließen und unter leichtem Schaukeln ungefähr fünf Minuten kochen lassen. In der Hälfte der Zeit umrühren, sodass die Muscheln gleichmäßig kochen. Alle Muscheln, die geschlossen bleiben auspressen und entfernen. In der Schale servieren.

Garnelen: 1 EL Salz für 1,2 Liter/2 Pint Wasser zufügen. Schnell zum Kochen bringen, die Garnelen zugeben. Sobald das Wasser wieder schnell kocht, testen, ob sie gar sind. Sie sollten fest und weiß sein. Die großen Garnelen brauchen eventuell noch weitere 30 Sekunden. In der Schale servieren. Jakobsmuscheln: Falls der Fischhändler die Jakobsmuscheln nicht schon geöffnet hat, über kochendem Wasser dämpfen lassen, bis sie sich öffnen. Das Fleisch mit einem dünnen Messer freilegen. Unter laufendem Wasser waschen, die Membran entfernen, den grauschwarzen Kragen, sowie den schwarzen Eingeweidefaden. Weißes Fleisch und orange Koralle beibehalten. Bei großer Hitze anbraten, bis sie auf beiden Seiten leicht braun sind. In Irland werden Jakobsmuscheln tatsächlich sehr kurz gekocht, ein wenig knusprig außen und innen fast roh. Mit der Halbschale servieren. Meereskrebszehen (Klauen) oder Krebsfleisch werden normalerweise gar gekocht und ohne Schale gekauft.

2 Geräucherter Fisch: Geräucherter Lachs ist servierfertig, sowie auch geräucherte Makrele,

Forelle und Aal. Die einzige Zubereitung für das Servieren auf dem Teller besteht im Hautabziehen. Geräucherte Miesmuscheln werden mit Gehäuse und essfertig verkauft. Die Meeresfrüchte auf großen einzelnen Serviertellern darreichen. Als Beilage dazu einen kleinen Topf Mayonnaise sowie Zitronenscheiben, eine Beilage bestehend aus gemischtem Salat, Vollkorn-Sodabrot und Butter, eine Schüssel für das Gehäuse und viele Papierservietten, reichen.

- *Eine große Platte gemischte Meeresfrüchte vermittelt den Geschmack des Sommers in Irland. Da zahlreiche Ingredienzien vorhanden sind, wird dieses Gericht vorwiegend in einem der vielen Restaurants und Pubs verzehrt, die sich auf Meeresfrüchte spezialisieren. Die Platten werden mit braunem Vollkorn-Sodabrot, Butter, einem Stück Zitrone, einem kleinen Topf Mayonnaise und einer Schüssel Salatblätter, gereicht. Zutaten und Mengen variieren je nach Verfügbarkeit. Jedoch gehören auf die Platte stets eine Mischung aus Meeresfrüchten (Weichtiere und Krustentiere) sowie geräucherter Fisch. Wenn möglich, werden die Meeresfrüchte mit Gehäuse serviert. Das Essen mit den Händen ist Teil des Vergnügens bei diesem Gericht.*

Gegrillte Makrele und Stachelbeersoße

- ■ 4 frische Makrelen, filetiert und sorgfältig von kleinen Gräten befreit
- ■ ein wenig zerlassene Butter oder Olivenöl
- ■ 450 g/1 Pfd. grüne Stachelbeeren (eher eine Kuchensorte als eine dunkle, purpurrote Nachtischsorte)
- ■ 3 EL trockenen Weißwein
- ■ 3 EL Wasser
- ■ 2 EL Zucker
- ■ 1 EL Butter
- ■ 2 TL frischer Ingwer, geschält, geschnetzelt, und fein zerhackt
- ■ Meersalz und frisch gemahlener, schwarzer Pfeffer

Für: 4 Personen
Zubereitung: 5′
Kochzeit: 8′
Schwierigkeitsgrad: ●
Geschmack: ●●
Kcal (pro Portion): 443
Proteine (pro Portion): 25
Fett (pro Portion): 25
Nährwert: ●●●

D ie Ober- und Unterseite abschneiden und die Stachelbeeren waschen. Zucker und Wasser zusammen erhitzen, bis sich der Zucker aufgelöst hat. Stachelbeeren, Ingwer und Wein hinzufügen und bei niedriger Temperatur kochen, bis sie weich sind. In der Butter umrühren und heiß servieren. Die Mischung kann püriert und vor dem Servieren erneut erhitzt werden. Die Makrele mit Butter oder Öl bepinseln und mit frisch gemahlenem Pfeffer und Meersalz würzen. Weitere 4 Minuten auf jeder Seite grillen. Immer wieder prüfen. Die Makrele wird in der Mitte wenig gekocht.

VARIANTEN:
Jeden Fisch je nach Geschmack mit einem TL fein zerhacktem Knollenfenchelfleisch füllen (oder mit Blättern). Jeden Fisch mit zerhackten, in Butter gekochten Pilzen, füllen. Als Geschmacksverstärkung eignen sich gehackte Petersilie und sehr wenig gehackter, frischer Salbei.

Für: 4 Personen

Zubereitung: 5′

Kochzeit: 5-8′

  (je nach Größe des Fischs)

Schwierigkeitsgrad: ●

Geschmack: ●●

Kcal (pro Portion): 405

Proteine (pro Portion): 26

Fett (pro Portion): 24

Nährwert: ●●●

- 4-8 sehr frische Heringsfilets *
- 8 gehäufte EL Haferflocken
- 2 geschlagene Eier
- 3 EL einfaches Weißmehl
- 4 EL Butter

* da die Heringe von der Größe her sehr
  unterschiedlich sind, sollte eingeschätzt werden,
  wie viel von dem Fisch an diesem Tag notwendig ist.

Frische Heringe in Hafermehl

Zuerst den Fisch waschen und trocknen. Jeden Fisch zuerst in Mehl eintauchen, anschließend in das Ei, danach in die Haferflocken (die letztgenannten auf den Fisch drücken). Wenn ausreichend Zeit vorhanden ist, an einem kühlen Ort stehen lassen, damit der Belag fest werden kann. Eine große Bratpfanne erhitzen, etwas Butter beigeben. Solange erwärmen bis ein Schaum entsteht. Heringe zugeben und auf einer Seite braten, bis die Haferflocken auf beiden Seiten gleichmäßig braun sind, aber nicht angebrannt. Mit einem Fischheber umdrehen. Weiter Butter zufügen, falls notwendig, und auf der anderen Seite bräunen. Wenn die Heringe schubweise gebraten werden müssen, den ersten Schub warm halten. Mit Zitronenecken und gegrillten Tomatenhälften servieren.

Dies ist ein klassisches Gericht. Das Hafermehl verleiht den Heringen den knusprigen, pikanten Geschmack und hält die Hering darin feucht.

Traditionellerweise befand sich der allgemeine Hering ganz unten in der Hierarchie der irischen Nahrungsindustrie: Es war der Fisch der Armen, der Fisch der Buße, ein Fisch, dem es nicht gelang, Beliebtheit zu erlangen. Bis in die späten Jahre des 20. Jahrhunderts hinein, feierten Städte und Dörfer in ganz Irland am Samstag vor Ostern „das Peitschen des Herings", um damit das Ende der Fastenzeit zu markieren. Der Hering wurde an einer Angelrute befestigt und eine Anzahl von jungen Männern, oft Fleischerlehrlinge, liefen mit dem Hering an ihren Weidenangelhaken durch die Straßen. In einigen Städten Irlands war es die letzte Demütigung, ihn zu ertränken! In den Küstengebieten aßen die Iren stets Hering, besonders dann, wenn Scharen davon im September nahe an die Küste kamen. Der Überschuss wurde gesalzen und in Fässern gelagert. Er wurde als Geschmacksverstärkung bei Kartoffeln gegessen, zuvor über Nacht in Wasser eingetaucht. Anschließend wurde er in dem Topf mit den Kartoffeln geköchelt. In reicheren Haushalten wurde er in Bier und Essig „eingelegt" oder in einer Schicht aus Hafermehl und in Butter gebraten.

Angebratene irische Wildlachsfilets mit Brunnenkresse oder wilder Sauerampfersoße

- 4×175 g/6 oz Lachsfilets
- Salz und frisch gemahlener, schwarzer Pfeffer
- 30 g/1 oz Butter
- 1 TL Olivenöl

Für die Soße:
- 175 g/6 oz wilde Sauerampferblätter, oder Brunnenkresseblätter *
- 15 g/½ oz Butter
- 250 ml/8 fl oz/1 Tasse Sahne
- Salz und schwarzer Pfeffer

* Brunnenkresse und Sauerampfer wachsen wild in Irland.

Sauerampferblätter (oder Brunnenkresse) waschen, Stängel entfernen und gründlich zerhacken. Trockenschleudern. Butter in einem Topf zum Schmelzen bringen und den Sauerampfer beigeben. Ein paar Minuten lang, oder bis er weich ist, unter rühren kochen. Schlagsahne zum Siedepunkt bringen und in den Sauerampfer (nach Geschmack) einrühren. Mit Salz und schwarzem Pfeffer würzen. Heiß servieren. Ofen auf 200°C/400°F/Gas 6 vorheizen. Den Lachs mit Salz und dem Pfeffer würzen. In einer schweren backofenfesten Pfanne Butter und Olivenöl erhitzen. Wenn die Pfanne richtig heiß ist, die Filets schnell auf beiden Seiten anbraten (zuerst die Fleischseite, dann die Hautseite), bis alles goldbraun ist. Das sollte nicht mehr als 2 Minuten in Anspruch nehmen. Die Pfanne in den Ofen stellen und weitere 7-12 Minuten backen. Die Zeit ist abhängig von der Filetstärke. Es sollte darauf geachtet werden, dass der Fisch nicht zerkocht wird. Er sollte nur leicht gekocht sein und in der Mitte noch etwas feucht. Anschließend heiß mit der Soße servieren.

Für: 4 Personen
Zubereitung: 3′
Kochzeit: 9-14′
Schwierigkeitsgrad: ●
Geschmack: ●●
Kcal (pro Portion): 563
Proteine (pro Portion): 40
Fett (pro Portion): 42
Nährwert: ●●●

Dubliner Buchtgarnelen in Butter und Whiskey

- 40 frische, rohe Dubliner Buchtgarnelen (Langoustinen) ohne Schale
- Saft einer Zitrone
- 150 g/5 oz Butter
- eine Handvoll wilder Knoblauchblätter, grob gehackt, oder 3 Knoblauchzehen, geschält und zerhackt
- 2 EL gehackte Petersilie
- 30 ml/1 fl oz irischer Whiskey
- 4 große Zitronenscheiben

*G*arnelen in eine breite Schüssel legen. Den Saft aus der Zitrone über die Garnelen pressen und 20 Minuten lang marinieren. Eine sehr große Bratpfanne erhitzen. Die Butter zum Schmelzen bringen. Wenn die Pfanne heiß ist, die Garnelen beigeben, braten und bei einer wirklich großen Hitze 3-4 Minuten, oder bis die durch sind, umdrehen und wenden. Die gehackten, wilden Knoblauchblätter (oder den gehackten Knoblauch), den Whiskey und die Petersilie beigeben. Unter Rühren 1 Minute lang braten. Umgehend auf vier heiße Servierteller verteilen. Mit den Zitronenscheiben garnieren. Mit dem Vollkornmehl oder weißem Sodabrot für das Aufsaugen des Safts servieren. Das Vergnügen beim Verzehr liegt darin, jede gekochte Garnele aus dem Gehäuse zu holen und sie in buttergetränkten Knoblauch und Whiskey-Knoblauchsoße einzutauchen.

Für: 4-6 Personen

Zubereitung: 5' plus 20' in der Marinade

Kochzeit: 4-5'

Schwierigkeitsgrad: ●

Geschmack: ●●

Kcal (pro Portion): 331

Proteine (pro Portion): 15

Fett (pro Portion): 22

Nährwert: ●●●

Corned Beef mit Kohl und Wacholderbeeren

Fleisch über Nacht einweichen. Wasser mehrmals wechseln. Alle Zutaten in einen großen, backofenfesten Topf, bedeckt mit Wasser, geben. Zum Kochen bringen und weiter köcheln lassen. Die Hitze auf ein leichtes Köcheln reduzieren. Gut bedeckt. Pro 500 g/1 Pfd. 2 oz sind 40-60 Minuten im Ofen bei 150°C/300°F/Gas 2 notwendig. Wann das Fleisch zart wird, variiert (je nach Bruststück, Tier, Schnitt und Räucherung). Nachprüfen, wenn dreiviertel der Kochzeit um ist. (Anmerkung: Wenn Sie das Fleisch kalt essen wollen, was viele Iren vorziehen, im Kochwasser abkühlen lassen. Anschließend auf einen Teller legen und leicht auspressen. Dieser Vorgang kann entweder durch einen Fleischwolf oder durch Bedecken mit einem Teller, der von 2x400 g Konservendosen beschwert wird. Kalt wird das Fleisch mit dunklen Sodabrot, Salatblättern, einem fruchtigen Chutney oder eingelegtem Gemüse serviert.) Kurz bevor das Fleisch gar ist, den Kohl fein schnetzeln. Die dickeren Teile der Stängel entfernen. Abhängig von der Kohlmenge etwas von dem Wasser entnehmen, in dem das Corned Beef gekocht wurde. Wurde das Corned Beef schon vor dem Kochen eingetaucht, sollte es nicht mehr zu salzig sein. Das Wasser in einer großen, emaillierten oder stahlfreien Stielpfanne zum sprudelnden Kochen bringen. Den Kohl in das kochende Wasser geben. 3-5 Minuten lang kochen. Die Länge der Zeit hängt insgesamt von der Art des Kohls ab. Junger, frischer, Frühlings- oder Sommerkohl ist sehr schnell gar. Wirsingkohl oder der dunkle, krausblättrige Winterkohl brauchen beträchtlich länger, um weich zu werden. Nach dem Kochen, den Kohl gründlich abseihen. Umgehend in Butter schwenken oder mit Speckfett über dem Feuer braten. Ein köstlicher und markanter zusätzlicher Geschmack wird erzielt, wenn der gekochte Kohl mit ein wenig Olivenöl über dem Feuer gebraten wird. In diesem Olivenöl sollte die Knoblauchzehe, püriert mit 4 trockenen Wacholderbeeren und ein wenig Salz eine halbe Minute lang gebraten worden sein, bevor der Kohl zugegeben wird.

- 1 ¼ kg/3 Pfd. Corned Beef (Filet, Oberschale, Unterschale, Hinterteil, oder Bruststück, das weitaus fettiger ist)
- 1 geschälte Zwiebel
- 1 Karotte
- 1 Stange Sellerie
- Kräutermischung
- 2 Knoblauchzehen
- einige Petersilienstängel
- 500 ml/1 Pt./2 ½ Tassen trockener Apfelwein

Für den Kohl:
- 1 großer Kopf dunkelgrüner Kohl
- 500 ml/1 Pint/2 ½ Tassen Wasser
- 1-2 EL Butter, ungesalzen
- 4 Wachholderbeeren, zerdrückt
- 1 Knoblauchzehe, geschält und zerdrückt

Für: 4-6 Personen
Zubereitung: 10', außerdem über Nacht einweichen
Kochzeit: 2 ½-3 Std.
Schwierigkeitsgrad: ●●
Geschmack: ●●
Kcal (pro Portion): 268
Proteine (pro Portion): 44
Fett (pro Portion): 4
Nährwert: ●●●

Für: 4 Personen

Zubereitung: 5' plus 48 Std.
Einweichzeit

Kochzeit: 6-7 Std.

Schwierigkeitsgrad: ●●●

Geschmack: ●●

Kcal (pro Portion): 825

Proteine (pro Portion): 34

Fett (pro Portion): 10

Nährwert: ●●●

Traditionelle Corker Schweinefüße

1 Die Zutaten der Salzlake zusammen mischen. Die Schweinsfüße darin 48 Stunden einweichen.

2 Die Salzlake entfernen und jedes Paar (2) Hinterfüße zusammen an einen hölzernen Rundholzstab binden. (Dies trägt zur Beibehaltung der Form beim Kochen bei.) In einen großen Suppen- oder Fleischtopf legen. Gemüse hinzufügen. Essig beigeben und mit Wasser bedecken. 6-7 Stunden lang bei geringer Hitze köcheln lassen. Topf von der Herdplatte nehmen. Vollständig abkühlen lassen. Vorsichtig die Doppel-Schweinefüßepackung herausnehmen, Bindfaden und Holzstab entfernen. Die Butter zum Schmelzen bringen. Das trockene Semmelmehl und Piment untermischen. Die Hinterfüße damit bestreichen. Die Hinterfüße entweder im Grill bei schwacher Hitze oder im Ofen bei 160°C/325°F/Gas 3 erhitzen. Backen bis sie vollständig durch sind und die Kruste knusprig und braun ist. Anschließend heiß servieren und mit den Fingern essen.

Für die Salzlake (ausreichend für 4-8 Corker Schweinsfüße):
- 10 l/1 Gallone Wasser
- 225 ml/8 fl Honig
- 200 g/7 oz brauner Zucker
- 1 Zimtstange
- 4 Lorbeerblätter
- 400 g/14 oz grobes Salz

Für die Corker Schweinfüße:
- 4 Schweinsfüße (Schweinehinterfüße)
- 2 zerhackte Karotten
- 2 Stangen Sellerie, gehackt
- 2 kleine Zwiebeln, gehackt
- 250 ml/8 fl oz/1 Tasse weißer Weinessig
- 110 g/4 oz Butter
- 400 g/14 oz getrocknetes Semmelmehl
- ¼ TL Piment

Rindfleisch und Stout Stew *(Starkbiereintopf)*

■ 800 g/1 Pfd. 12 oz Rindfleisch vom Schienbein
■ 2 große Zwiebeln, geschält und gehackt
■ 3-4 Karotten, geschält und in Scheiben geschnitten
■ 30 g/1 oz/2 EL Butter oder Rinderfett
■ Eintopfkräuter (Lorbeer, Petersilie, Thymian)
■ 225 ml/8 fl oz/1 Tasse Starkbier oder Bier
■ 225 ml/8 fl oz/1 Tasse Wasser
■ Salz und frisch gemahlener, schwarzer Pfeffer

Fett in einer großen Bratpfanne zum Schmelzen bringen. Zwiebeln leicht braten, bis sie glasig und an den Ecken gebräunt sind. Zwiebeln mit einem Sieblöffel entfernen und zusammen mit den Karotten auf den Boden der Kasserolle legen. Die äußere Haut des Fleischs entfernen, sowie alle größeren Sehnen und Knorpel. Das Fleisch in runde Scheiben von ungefähr 2 cm/1 Zoll Dicke schneiden. Umgehend im heißen Fett zum Verschließen bräunen. Fleisch aus der Pfanne entnehmen. In der Kasserolle oben auf das Gemüse legen. Die Bratpfanne mit dem Starkbier oder Bier ablöschen. Die Flüssigkeit in die Kasserolle zusammen mit dem Wasser, den Kräutern und den Gewürzen geben. Fest verschließen. Langsam im vorgewärmten Ofen bei 160°C/325°F/ Gas 3 3 Stunden lang backen.

Das Rindfleisch vom Schienbein ergibt beim Backen eine reichhaltige Flüssigkeit. Dennoch kann der Bratensaft mit Mehl verdickt werden wenn ein anderes Stück als das Rindfleisch vom Schienbein benutzt wird. In diesem Fall die Fleischstücke mit gewürztem Mehl vor dem Verschließen in der Pfanne bestäuben. Außerdem können gehackte Ochsenteile oder Lammniere beigefügt werden. Der Eintopf ist geschmackvoller, wenn er tiefgefroren und nach ein oder zwei Tagen aufgewärmt wird. Mit zerstampfen, mehlig kochenden Kartoffeln servieren.

Für: 4 Personen
Zubereitung: 15'
Kochzeit: 3 Std.
Schwierigkeitsgrad: ●
Geschmack: ●●
Kcal (pro Portion): 338
Proteine (pro Portion): 39
Fett (pro Portion): 16
Nährwert: ●●

In Irland wird der Eintopf oft mit Starkbier oder Bier anstelle von oder auch mit Bratenbrühe oder Wasser zubereitet. Wie alle irischen Eintöpfe wird dieses Gericht mit einem Berg mehlig kochender Kartoffeln verzehrt. Er ist jedoch genauso üblich mit Kartoffeln, die zusammen mit dem Eintopf im Topf gekocht werden (diese werden zum Schluss der Kochzeit beigefügt). In Dublin ist die bevorzugte Scheibe Fleisch das Rindfleisch vom Schienbein. Wird dieses lang und langsam gekocht, entsteht eine schmelzende Zartheit. Es wird ein dicker, reichhaltiger, dickflüssiger Bratensaft hergestellt.

Sirloin Steak mit Whiskey und Sahnesoße

8ine große, schwere Pfanne vorheizen. Wenn sie heiß genug ist, Öl und Butter hineingeben und dann, nach einigen Sekunden, die Steaks. 3-5 Minuten auf jeder Seite braten (die genaue Zeit hängt von der Dicke der Steaks ab und ob Sie Ihr Fleisch blutig oder durchgebraten mögen). Die Steaks warmstellen, während Sie die Soße zubereiten. Überschüssiges Fett aus der Pfanne entfernen. Pfanne mit dem Whiskey ablöschen und aufkochen lassen, ohne dass dieser vollständig verdunstet. Sahne hinzufügen und für ca. 2 Minuten köcheln lassen, bis die Soße andickt. Nach Geschmack mit schwarzem Pfeffer und Salz würzen. Steaks zusammen mit der Soße servieren. Mit geschnittenen Pilzen garnieren, die in einem kleinen Stück Butter gebraten wurden bis ihre Säfte aufgenommen sind.

Für: 4 Personen

Zubereitung: 2′

Kochzeit: 6-12′

Schwierigkeitsgrad: ●

Geschmack: ●●

Kcal (pro Portion): 454

Proteine (pro Portion): 26

Fett (pro Portion): 31

Nährwert: ●●●

James Joyces Statue und der Spire, Dublin.

- 4 dick geschnittene Filetsteaks
- 1 EL Butter
- ein paar Spritzer Olivenöl
- 60 ml/2 fl oz irischer Whiskey
- 300 ml/10 fl oz/1 ¼ Tassen Doppelsahne
- Meersalz und frisch gemahlener, schwarzer Pfeffer

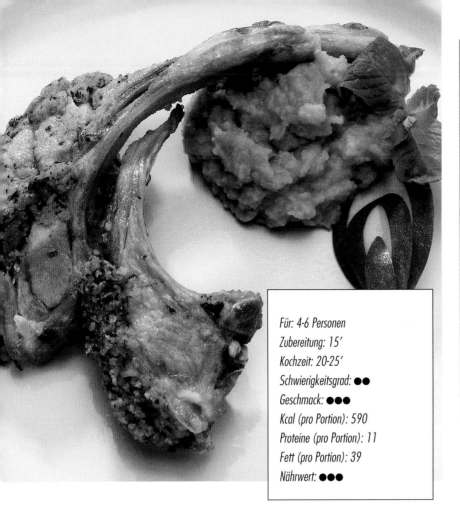

- 2 Karrees vom Frühlingslamm, vom Fleischer geschnitten und ausgelöst

Für die Kräuterkruste:
- 30 g/ 1 oz Butter, geschmolzen
- 2 EL milder irischer Senf
- 4 EL Olivenöl
- 200 g/ 7 oz feines weißes Semmelmehl
- 2 Zweige Rosmarin, Minze und eine Hand voll Petersilie, fein gehackt
- 1-2 Knoblauchzehen, geschält, zerdrückt und fein gehackt
- Schale einer Zitrone

Für das Erbsen-Minz-Champ:
- 450 g/ 1 Pfd. mehlig kochende Kartoffeln, gekocht, warm geschält und gestampft (oder durch eine Kartoffelpresse gedrückt)
- 450 g/ 1 Pfd. Erbsen, gekocht
- 150 ml/5 fl oz/⅔ Tasse Sahne
- 45 g/ 1 ½ oz Butter
- 2-3 EL frische Minze, gehackt
- Salz und frisch gemahlener, schwarzer Pfeffer

Für: 4-6 Personen
Zubereitung: 15'
Kochzeit: 20-25'
Schwierigkeitsgrad: ●●
Geschmack: ●●●
Kcal (pro Portion): 590
Proteine (pro Portion): 11
Fett (pro Portion): 39
Nährwert: ●●●

Lammkarree mit Kräuterkruste und Erbsen-Minz-Champ

Das überschüssige Fett vom Lamm abschneiden, nur eine dünne Schicht lassen. Ende der Knochen in Folie einwickeln, um ein Anbrennen zu verhindern. Die fettige Seite der Karrees schnell in einer heißen Pfanne mit ein wenig heißem Öl anbraten. Herausnehmen und abkühlen lassen.

1 Butter mit dem Senf verrühren und auf der fettigen Seite jedes Karrees verteilen. Den Rest der Kräuterkrustenmischung verrühren und auf die beiden Karrees auf die fettigen Seiten aufteilen und fest andrücken. Bei 180°C/350°F/Gas 4 20-25 Minuten braten für rosafarbenes, saftiges Fleisch. Das Fleisch vor dem Schneiden in Koteletts ruhen lassen.

2 Erbsen und Minze in eine Küchenmaschine oder einen Mixer geben, bis alles sämig ist. Die Sahne und die Butter erhitzen, die Erbsen und die gestampften Kartoffeln unterheben. Gut rühren, so

dass sich alles gut vermischt. Nach Geschmack mit Salz und schwarzem Pfeffer würzen und bei geringer Hitze rühren, bis alles heiß ist.

Gebratene Hirschkeule

- 1-1 ½ kg/2-3 Pfd. Hirschkeule
- 175 g/6 oz Speck oder Schweinefett
- 110 g/4 oz fette, durchwachsene, geröstete Speckscheiben oder Schweineschmalz

Für die Marinade:

- 250 ml/8 fl oz/1 Tasse Weinessig oder Apfelessig
- 500 ml/16 fl oz/2 Tassen trockener Weißwein
- 250 ml/8 fl oz/1 Tasse Olivenöl
- 1 große Zwiebel, geschält und in Scheiben geschnitten
- 2 Karotten, geschält und in Scheiben geschnitten
- 3 große Zweige Petersilie
- 3 Zweige frischer Thymian
- 6 zerstoßene schwarze Pfefferkörner
- 6 zerstoßene Wacholderbeeren
- 1 TL Salz

Für: 4-6 Personen
Zubereitungszeit: 20' plus 24-36 Std. in der Marinade
Kochzeit: 1 ½-2 Std. je nach Gewicht der Keule
Schwierigkeitsgrad: ●●
Geschmack: ●●
Kcal (pro Portion): 922
Proteine (pro Portion): 44
Fett (pro Portion): 75
Nährwert: ●●●

Darauf achten, dass der Händler die äußere Haut und die Sehnen von der Keule entfernt. Speck oder Schweinefett in dünne Streifen schneiden und eine Spicknadel verwenden um die Keule damit zu spicken. Fertig sollte die Keule aussehen wie ein nackter, harmloser Igel.

1 Alle Zutaten für die Marinade in einer großen Schüssel verrühren. Keule vollständig darin eintauchen. Diese braucht mindestens 8-12 Stunden um zu marinieren. Bei Unsicherheit über das Alter des Tieres 24-36 Stunden an einem

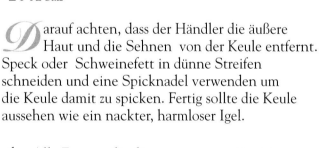

kühlen Ort lassen. Die Keule häufig in der Marinade drehen. Wenn das Fleisch für die Zubereitung fertig ist, aus der Marinade nehmen und vollständig mit Küchenpapier abtrocknen. Bei der Verwendung von fettigem, durchwachsenem Speck, diesen um die Keule wickeln so dass mindestens das obere Ende bedeckt ist.

2 Bei der Verwendung von Schweinefett, dieses auslassen und die Keule mit etwa der Hälfte des Fettes einpinseln. Auf einem Rost in einem vorgeheizten Ofen bei 180°C/350°F/Gas 4 für 20 Minuten pro 450g/1 Pfd. braten, plus 20 Minuten mehr. Durch regelmäßiges Begießen mit dem übrigen Schweinefett sollte das eine noch blutige Keule ergeben (auf diese Art wird Hirsch in Irland serviert). Wenn Sie sie durchgebraten bevorzugen, 30 Minuten pro 450 g/1 Pfd. plus 20 Minuten mehr braten. Bei einer Keule, die mehr als 2 kg/4 ½ Pfd. wiegt, die Kochzeit auf 15 Minuten pro 450 g reduzieren (für blutig) und auf nicht mehr als 25 Minuten pro 450 g für durchgebraten. Keule für 10-15 Minuten ruhen lassen, dann den fetten Speck entfernen und den Hirsch in dünne Scheiben schneiden.

Eine traditionelle Beilage sind Croutons (in dünne Scheiben geschnittenes Brot, in einer Mischung aus Butter und Olivenöl goldbraun und knusprig gebraten). Mangold ist eine perfekte Gemüsebeilage, aber Sellerie oder Weißkohl mit Wacholderbeeren und Knoblauch oder Rotkohl sind ebenfalls beliebt.

Den Hirsch mit einer Schale Johannisbeer- oder Vogelbeergelee servieren (siehe nächstes Rezept).

Wilde Hirsche (der heimische Rothirsch und der angesiedelte Dam- und Schwarzwedelhirsch und all ihre Kreuzungen) bewohnen die Berge von Wicklow, Kerry und andere Hochlandgebiete. Hirsch (Hirschfleisch) ist so mager, dass es für gewöhnlich „gespickt" werden muss, damit es beim Braten oder Grillen nicht austrocknet und große Stücke werden normalerweise mariniert. Zuchthirsch gibt es das ganze Jahr über und er ist tendenziell jung und zart. Es ist dennoch üblich, Zuchthirsch einen oder zwei Tage lang zu marinieren, um Geschmack hinzuzufügen.

Vogelbeerengelee

Ergibt: 4-6 Gläser

Zubereitungszeit: 5′

Kochzeit: 1 Std. plus abseihen
   über Nacht

Schwierigkeitsgrad: ●●

Geschmack: ●●

Kcal (pro Portion): 266

Proteine (pro Portion): 4

Fett (pro Portion): 7

Nährwert: ●●

$\mathcal{D}$ ie Beeren und Äpfel (gewaschen, aber nicht geschält) in einen Topf mit etwa 5 Tassen Wasser geben. Zum Kochen bringen und etwa 40 Minuten lang kochen. Den Inhalt des Topfes über Nacht durch einen Geleebeutel abseihen. Saft abmessen, der in die Schüssel durchläuft. Pro 600 ml/1 Pinte Saft werden 450g/1 Pfd. Zucker benötigt.

Den Saft in einem dickbodigen Topf 10 Minuten lang kochen, dann die genaue Menge erwärmten Zucker hinzufügen. Noch einmal etwa 10 Minuten lang kochen, dabei den Schaum, der entsteht, abschöpfen. In der gewohnten Art die Konsistenz prüfen, wenn die Konsistenz stimmt, das Gelee in sterilisierte Gläser gießen und sofort verschließen. Dieses Gelee ist fast unendlich lange haltbar, solange das Glas luftdicht verschlossen bleibt. Mit dieser Methode kann auch ein Gelee aus reifen Holunderbeeren zubereitet werden, aber mit frischen, leicht geschroteten Thymianblättern würzen.

- 1,4 kg/3 Pfd. reife Vogelbeeren
- 900 g/2 Pfd. Kochäpfel (wenn möglich Johannisäpfel)
- 1 l/32 fl oz/4 ½-5 Tassen Wasser
- 450-900 g/1-2 Pfd. Zucker

In Irland wird der Vogelbeerbaum Mountain Ash genannt. Die Kelten machten aus seinen hellroten Beeren Wein und benutzten diese, um ein auf Honig basierendes Getränk namens Met zu würzen. Vogelbeerengelee ist eine traditionelle Beigabe zu Wild und Federwild. Im frühen Herbst können Vogelbeeren von wilden Vogelbeerbäumen in Hochlandgebieten gesammelt werden.

Die Anzahl der Vögel, die nötig sind, um ein Hauptgericht für jede Person zu kochen, hängt von den ausgewählten Vögeln ab. Kleine Vögel, wie Taube oder Rebhuhn, sind für eine, Fasan (mit Abstand am häufigsten verwendet) normalerweise für 2 Personen geeignet. Da Wildenten verschiedene Größen haben, sollte man am besten das Gewicht beachten, wenn man berechnet, wie viel man braucht. Eine Ente zwischen 750 und 900 g ist für zwei Personen.

Geschmortes Wildgeflügel

Für: 4 Personen

Zubereitungszeit: 20′

Kochzeit: 1 ¼-1 ½ Std.

Schwierigkeitsgrad: ●●

Geschmack: ●●●

Kcal (pro Portion): 384

Proteine (pro Portion): 16

Fett (pro Portion): 28

Nährwert: ●●●

- 2-4 Hühnervögel
- 30 g/1 oz Butter
- 1 Zwiebel
- 1 große oder zwei kleine Karotten
- 1 Stange Sellerie
- 1 Lauch (wahlweise)
- 1 Bund frische Kräuter
  wie Thymian, Lorbeerblatt,
  Petersilie, mit einer Schnur
  zusammengebunden
- 2-8 Scheiben fetter Speck
- Salz und frisch gemahlener,
  schwarzer Pfeffer
- 150 ml/5 fl oz/⅔ Tasse Rotwein
- 150 ml/5 fl oz/⅔ Tasse Wildbrühe

Für die Brühe:
- Innereien, Herzen, Hals, Leber
  (und Beine eines kleineren Vogels,
  wie Tauben - wenn verwendet)
- 1 kleine Zwiebel, geschält
  und in Scheiben geschnitten
- 1 kleine Karotte, geschält
  und in Scheiben geschnitten
- 500 ml/16 fl oz/2 Tassen Wasser
- 8 Pfefferkörner
- 1 Lorbeerblatt
- 30 g/1 oz Butter

*D*ie Innereien und den Hals unter fließendem Wasser säubern und mit Küchenpapier abtrocknen. Butter in einem Topf schmelzen, die Innereien und das Gemüse hinzufügen und braten, bis das Gemüse weich ist und braun wird. Wasser, Lorbeerblatt und Pfefferkörner hinzufügen. Alles zum Kochen bringen und etwa eine Stunde lang kochen lassen. Abgießen, abkühlen und das Fett, das nach oben steigt, abschöpfen.

Butter in einer großen, feuerfesten, ofenfesten Kasserolle schmelzen. Vögel von allen Seiten anbraten. Herausnehmen und beiseite stellen. Das Gemüse hinzufügen und ein paar Minuten lang braten, bis es anfängt, weich zu werden. Kräuter hinzufügen und mit Salz und schwarzem Pfeffer würzen. Speck über die Vogelbrüste legen und auf das Gemüse setzen. Etwa die Hälfte der Brühe dazu gießen. Mit einem gut schließenden Deckel abdecken und köcheln lassen (oder in einem vorgeheizten Ofen bei 165°C/325°F/Gas 3 kochen), bis die Vögel zart sind. Kleinere, jüngere Vögel, brauchen etwa eine Dreiviertelstunde, ältere, größere bis zu eineinviertel Stunden. Die Vögel und den Schinken herausnehmen und warmhalten.

Soße fertigstellen indem Wein in die Kasserolle hinzugefügt wird, aufkochen lassen, dabei den Boden der Pfanne abkratzen, um knusprige Stückchen mit aufzulösen. Die übrige Brühe hinzugeben und für ein oder zwei Minuten kochen. Man kann die Soße zusammen mit dem zerkleinerten Gemüse servieren oder, für eine elegantere Präsentation, die Soße abseihen, um das gekochte Gemüse zu entfernen.

Kleine Vögel, wie Wachteln, werden im Ganzen serviert. Mittelgroße können halbiert werden, indem man die Brust durchschneidet und dann die Wirbelsäule mit einer Geflügelschere entfernt. Auf warmen Tellern mit einem bisschen Soße servieren. Das Gericht wird mit gebratenem Wurzelgemüse wie Karotten, Pastinaken, Kohlrübe und Kartoffeln serviert, um die Soße aufzunehmen.

In Irland gibt es eine Vielfalt von Wildvögeln, einige sind häufig, andere sind selten. Einige sind wirklich wild und andere wurden in Gefangenschaft gezüchtet und dann für kommerzielle Jagden ausgewildert. Die Jagdsaison ist streng geregelt und nur Wildvögel werden geschossen - niemals Singvögel. Wildvögel, die nicht mehr ganz jung sind, werden am besten langsam gebraten. Die irische Tradition verlangt es, diese auf einem Bett aus Gemüse in einem großen Eisentopf, mit einem gut schließenden Deckel, genannt „bastible", zu kochen. Je älter der Vogel war, desto länger dauerte es, bis er zart war. Das Gemüse ist die normale Kräutermischung für irischen Eintopf: Zwiebeln und/oder Lauch, Karotten und Sellerie, zusammen mit Thymian, Petersilie und ein Lorbeerblatt. Die Flüssigkeit ist eine Kombination aus einer Wildbrühe aus Innereien und manchmal den Beinen der Vögel sowie Rotwein, obwohl es eine lange Tradition gibt, für Tauben Starkbier zu benutzen.

Wildfleisch-pastete

Für: 6-8 Personen, als Hauptgericht
Zubereitungszeit: 1 Std.
Kochzeit: 2 Std. plus abkühlen
   über Nacht.
Schwierigkeitsgrad: ●●●
Geschmack: ●●●
Kcal (pro Portion): 927
Proteine (pro Portion): 45
Fett (pro Portion): 61
Nährwert: ●●●

Für die Farce:
- 700 g/1 ½ Pfd. Schweinefleisch, gehackt
- 225 g/8 oz Speck, gehackt
- 100 g/3 ½ oz hartes Schweinefett, gehackt
- 3-4 Blätter frischer Salbei, fein gehackt
- 2 TL Anchovisessenz
- eine Prise Nelken, Muskatnuss, Zimt und frisch gemahlener, schwarzer Pfeffer

Für die Wildfüllung:
- 1 kg/2 ¼ Pfd. Wildfleisch (wie verfügbar), entbeint und ohne Haut

Für den englischen Pastetenteig:
- 450 g/1 Pfd./3 ¾ Tassen starkes Weißmehl
- 175 g/6 oz Schmalz
- 150 ml/5 fl oz/⅔ Tasse heißes Wasser
- ½ TL Salz

Für das Gelee:
- 300 ml/10 fl oz/1 ¼ Tasse Wild- oder Fleischbrühe
- 15 g/½ oz Gelatine

Schweinefleisch, Speck und Fett zerkleinern (oder kurz in einer Küchenmaschine zerhacken), um die Farce herzustellen. Die Gewürze, die Anchovisessenz und das Salbei hinzufügen. Um die Farce abzuschmecken, ein wenig der Mischung braten bis sie durch ist. Die übrige, rohe Farce nach Geschmack nachwürzen. Beiseite stellen. Eine gute Wildmischung gibt das beste Ergebnis, vor allem bei einer Mischung aus Haar- und Federwild. Wenn nur Fasanenreste übrig sind, kann immer noch mit ein paar Taubenbrüsten oder einer kleinen Ente oder etwas Kaninchen Farbe oder Geschmack hinzugefügt werden. Wenn viel Hirsch vorhanden ist, kann man etwas Huhn oder Hausente und Kaninchen zum Ausgleich des kräftigen Geschmacks verwenden. Dann überprüfen, ob Haut, Knorpel und Knochen entfernt sind, und das Wild in Stücke schneiden. Beiseite stellen. Den Teig herstellen. Eine hohe Pastetenform oder eine Kuchen- oder Springform leicht einfetten (etwa 21-22 ½ cm/8-9 Zoll Durchmesser) Mehl und Salz in die Schüssel sieben. In der Mitte eine Kuhle machen. Schmalz und Wasser zum Kochen bringen und ein paar Minuten köcheln lassen. Die Mischung in die Mitte des Mehls geben. Mit einem Löffel gut durchmischen, bis alles kühl genug zum Anfassen ist. Gut kneten und dabei so warm wie möglich halten. An einem warmen Ort 30 Minuten lang ruhen lassen und dann erneut kneten. Etwa ein Viertel des Teigs für den Deckel zurückbehalten.

1 Den übrigen Teig in der Größe der Form ausrollen, dabei die Seiten über den Rand der Form legen. Den oberen Teil ausrollen und auf Backpapier legen.

2 Die Hälfte der Farcemischung auf den Boden des ausgerollten Teigs geben.

3 Die Wildstücke darauf legen, sie dabei leicht aufstellen. Mit dem Rest der Farcemischung fertigstellen.

4 Den Teigdeckel aufsetzen, dabei die Ecken von oben nach unten drücken, so dass alles gut verschlossen ist. Oben ein kleines Loch schneiden, damit der Dampf entweichen kann. Das Loch sollte groß genug sein, dass ein kleiner Trichter hineinpasst, durch den später das Gelee hinzugefügt wird.

Die Oberseite mit dem geschlagenen Ei bestreichen. In einen Bräter legen und in einem auf 190°C/375°F/Gas 5 vorgeheizten Ofen 5 bis 15 Minuten backen. Die Temperatur dann auf 150°C/300°F/Gas 2 reduzieren und nochmals 1 ¼ Stunden backen. Über Nacht im Kühlschrank lagern und abkühlen lassen. Am nächsten Tag die Gelatine in die Brühe streuen. Fünf Minuten lang einweichen lassen. Langsam zum Kochen bringen und ein oder zwei Minuten köcheln lassen. Abkühlen aber nicht fest werden lassen. Es sollte sirupartig sein. Einen kleinen Trichter in das Loch im Deckel der Pastete einsetzen und das Gelee hineingießen, jeweils ein bisschen. Fortfahren, bis die Höhe der Flüssigkeit in der Pastete erkennbar ist. Aufpassen, dass das Gelee nicht durch ein Loch im Teig ausläuft. Ist das der Fall, mit dem Einfüllen aufhören, die Löcher mit einem Stück weicher Butter verschließen und die Pastete wieder in den Kühlschrank stellen, bis die Butter fest ist. Dann den Rest des Gelees einfüllen. Die Pastete etwa 2 Stunden lang kaltstellen bis die Flüssigkeit fest ist.

Die Wildpasteten kommen aus der „Big-House"-Tradition, wo ein Überschuss an Wild verarbeitet werden musste. Ihre feste Kruste machte es möglich, sie bis zum Fang am nächsten Tag zu transportieren. Heutzutage findet man eher einer Wildterrine, die dem gleichen Zweck diente, nämlich der Verwertung von übriggebliebenem Wild und, wenn man Glück hat, ist die Art, auf die man die Füllung macht, die gleiche. Die Wahl liegt also bei Ihnen, Pastete oder Terrine. Was in die Wildpastete kam, hing davon ab, welches Wild zur Verfügung stand. Die Füllung besteht immer aus einer Farce (Gehacktes vom Schwein, Speck und Fett), gemischten Wildstücken und einem Gelee aus Wildbrühe oder Schweinefüßen.

Gewürzter, langsam gerösteter Schweinebauch mit Äpfeln, Thymian und Sahnesoße

- etwa 1,5 kg/3 ½ Pfd. Schweinebauch, entbeint, gehäutet und befreit von überschüssigem Fett

Für die Füllung:
- 1 mittelgroße Zwiebel, fein gehackt
- 2-3 Knoblauchzehen, geschält, zerdrückt und gehackt
- 90 g/3 oz Butter
- 4-5 EL gemischte frische Kräuter (Petersilie, Thymian, Majoran und ein Salbeiblatt)
- 225 g/8 oz frisches Semmelmehl
- 1 Ei, geschlagen

Für die Würzpaste:
- 2 EL Butter, geschmolzen
- 2 EL Fruchtchutney
- Salz und schwarzer Pfeffer
- 1 EL Zitronensaft
- 2 Knoblauchzehen, geschält, zerdrückt und gehackt
- 1 EL frischer Thymian, gehackt
- 2 EL irischer Senf

Für die Apfelsoße:
- 2 mittelgroße Kochäpfel (vorzugsweise Bramley), entkernt, geschält und grob geschnitten
- 1 mittelgroße Zwiebel, geschält und grob geschnitten
- 2 Knoblauchzehen, geschält und gehackt
- 2 Zweige Thymian
- 125 ml/4 fl oz/ ½ Tasse lieblicher Weißwein
- 125 ml/4 fl oz/ ½ Tasse Hühnerbrühe
- 250 ml/8 fl oz/ 1 Tasse Sahne

Für die Kräuterfüllung Butter in einer kleinen Pfanne schmelzen und die Zwiebel und den Knoblauch braten, bis beides weich ist. Die Hitze wegnehmen und die Kräuter und das Semmelmehl einrühren. Wenn alles abgekühlt ist (nicht kalt), das Ei einrühren und mit Salz und Pfeffer würzen. Mit einer Gabel in das Innere des Fleisches einstechen. Die Zutaten für die Würzpaste vermengen.

1 Die Hälfte der Paste über die Innenseite des Fleisches streichen, dann darüber die Füllung verteilen.

2 Den Braten aufrollen und mit einem Baumwollfaden fest zusammenbinden.

Für: 6-8 Personen
Zubereitungszeit: 25′
Kochzeit: 3 Std.
Schwierigkeitsgrad: ●●
Geschmack: ●●●
Kcal (pro Portion): 1546
Proteine (pro Portion): 21
Fett (pro Portion): 146
Nährwert: ●●●

Ofen auf 150°C/300°F/Gas 2 vorheizen und währenddessen das Fleisch in ein wenig Öl anbraten. Das Fleisch mit der Nahtseite nach oben auf ein Rost in einem Bräter legen und im Ganzen 3 Stunden lang braten. Etwa nach der Hälfte der Kochzeit das Fleisch von allen Seiten mit der übrigen Paste bestreichen und dann mit der Nahtseite nach unten wieder auf das Rost legen. Für die Apfel- Sahne- Soße alle Zutaten in einen Topf geben und etwa 15 Minuten lang köcheln lassen. Die Thymianstängel herausnehmen und die Soße in einer Küchenmaschine oder einem Mixer pürieren. Alles abseihen. Wenn sie zu dick erscheint, kann ein wenig extra Brühe hinzugegeben werden. Das Gericht heiß servieren, das Fleisch in dicke Scheiben geschnitten.

Jerpoint Abbey in der Grafschaft Kilkenny, die aus dem 12. Jahrhundert stammt.

Hähnchenbrüste gefüllt mit Äpfeln und Leberwurst, gebacken in Apfelwein

Die Grützwurst, die Tafeläpfel, das Semmelmehl, die Petersilie und den Schnittlauch vermengen. Mit einem oder zwei TL Apfelwein befeuchten, so dass das Gemisch zusammenhält. Die Haut teilweise von den Brüsten abheben und die Füllung zu gleichen Teilen in die daraus geformten Taschen drücken. (Sie können mit einem ¾ großen Schnitt durch die Hühnerbrüste schneiden und die Füllung, wie in der Abbildung dargestellt, hinzugeben.) Die Hähnchenbrüste in einer Schicht in einen Bräter legen, der gerade groß genug, dass sie bequem hinein passen. Die Oberseite mit Salz und frisch gemahlenem, schwarzen Pfeffer würzen. Den Apfelwein und die Hühnerbrühe drumherum gießen und abgedeckt

Für: 4 Personen
Zubereitungszeit: 15'
Kochzeit: 40-50'
Schwierigkeitsgrad: ●●
Geschmack: ●●
Kcal (pro Portion): 644
Proteine (pro Portion): 34
Fett (pro Portion): 36
Nährwert: ●●●

bei 180°C/350°F/Gas 4 25-30 Minuten lang braten. Aufdecken und für weitere 15-20 Minuten weiterkochen, bis das Huhn gar ist und die Haut knusprig. Die Hähnchenbrüste herausnehmen und warm halten.

Die Sahne zu den Flüssigkeiten in der Pfanne hinzugeben und zum Kochen bringen. Köcheln lassen bis sich die Flüssigkeit auf die Hälfte reduziert hat und die Soße angenehm dick ist. Abschmecken.

Das Hähnchen zusammen mit etwas Soße servieren, garniert mit den Spalten des roten Tafelapfels.

HINWEIS: Statt Grützwurst kann nach Wunsch auch Blutwurst verwendet werden.

- 4 Hähnchenbrüste, komplett mit Haut
- 100 g/3 oz offenporige Grützwurst, zerkrümelt
- 1 Kochapfel (Bramley), geschält, entkernt und fein gehackt
- 60 g/2 oz frisches Semmelmehl
- 2 EL frische Petersilie, gehackt
- 1 EL frischer Schnittlauch, gehackt
- 250 ml/8 fl oz/1 Tasse halbtrockener irischer Apfelwein
- 90 ml/3 fl oz/⅜ Tassen Hühnerbrühe
- 60 ml/2 fl oz/¼ Tasse Doppelsahne
- Salz und frisch gemahlener, schwarzer Pfeffer

Zur Garnierung:
- 2 rote Tafeläpfel, entkernt und in dünne Ecken geschnitten

Desserts

Der Hook Head Leuchtturm, Grafschaft Wexford,
ältester Leuchtturm in Europa.

Die Iren beenden eine Mahlzeit gerne mit etwas Süßem. Zu Hause sind frisches Obst und Sahne, Obstkuchen mit Sahne oder Eis, ein Stück Torte oder ein Teebrot, oft beliebter als „modische" leichte Desserts. Es gibt aber einige Lieblinge. Viele von ihnen basieren auf irischer Sahne und sind häufig aromatisiert mit Whiskey-basierten Likören.

Eine weitere beliebte Art, eine Mahlzeit zu beenden, ist mit einer Auswahl irischer Käse zusammen mit Gebäck, traditionellen Haferkeksen und Obst.

- 15 g/½ oz getrockneter Knorpeltang
- 700 ml/23 fl oz/3 Tassen Vollfettfrischmilch
- 1 EL Zucker (oder nach Geschmack)
- 1 Vanilleschote oder die dünne Schale einer Zitrone

Essbares Knorpeltanggelee
(Blancmanger)

Für: 4 Personen

Zubereitungszeit: 2'

Kochzeit: 10' plus Abkühl- und Kühlzeit

Schwierigkeitsgrad: ●

Geschmack: ●

Kcal (pro Portion): 121

Proteine (pro Portion): 5

Fett (pro Portion): 6

Nährwert: ●

1 Den getrockneten Knorpeltang vorsichtig unter kaltem, fließendem Wasser bearbeiten, bis er weich und biegsam wird. Zusammen mit der Milch, der Vanilleschote (oder der Zitronenschale) und Zucker in eine Pfanne geben. Bei mittlerer Hitze köcheln lassen, bis sich der Knorpeltang praktisch aufgelöst hat.

Knorpeltang ist ein Seetang, der wild gesammelt werden kann, aber auch gebrauchsfertig und getrocknet erhältlich ist. Es ist ein leichter, fettfreier, vitaminreicher, verdickender Wirkstoff, der oft in Suppen verwendet wird (vor allem in Meeresfrüchtesuppen). Er ist immer noch ein traditionelles Heilmittel für Reizhusten und Erkältungen, besonders bei Kindern.

2 Alles in eine Schüssel abseihen um alle übrigen härteren Stücke Seetang zu entfernen. Die abgegossene Flüssigkeit in kleine Auflaufförmchen oder in eine große, dekorative Geleeform gießen und dann an einem kühlen Ort erstarren lassen.

Mit Obst der Saison servieren: Erdbeeren, Himbeeren oder ein gemischtes Beerenkompott aus roten Johannisbeeren, schwarzen Johannisbeeren, Brombeeren, Loganbeeren (oder andere, ähnliche Beerenfrüchte). Ein Knuspergebäck (Hafer oder Shortbread) bietet einen angenehmen Kontrast in der Konsistenz.

Irish Mist war der erste, weit vermarktete irische Likör der neueren Zeit. Die Geschichte besagt, dass ein australischer Flüchtling in der Stadt Tullamore ankam, die lange eine Bastion der irischen Whiskeydestillerie war, und „ein altes irisches Rezept" umklammerte, das sich schon seit langer Zeit in seiner Familie befand. Irish Mist basiert auf diesem Rezept. Ob wahr oder nicht, das Ergebnis ist ein sehr charakteristischer Likör.

Irish Mist Auflauf

Das Eiweiß steif schlagen, dabei Zucker hinzufügen, wie bei der Zubereitung eines Baisers. Mit Butter und Mehl eine Mehlschwitze herstellen, bei geringer Hitze 2 Minuten lang rühren. Milch hinzufügen und rühren, um sie unterzumischen. 5 Minuten lang leise kochen. Den Irish Mist Likör hinzufügen und einrühren. Leicht abkühlen lassen, dann Eigelb schlagen, jeweils eins. 1 EL steif geschlagenes Eiweiß einrühren, dann den Rest unterheben. Vorsichtig in eine zwei-Pint Auflaufform geben. Sofort für 40-45 Minuten in einem vorgeheizten Ofen bei 190°C/375°F/Gas 5 backen. Das Ganze mit warmen Himbeeren, Brombeeren oder Heidelbeermus servieren. Die Himbeeren müssen nicht gesüßt werden. Für das Mus einfach die Früchte durch eine Mouli passieren, um die Samen zu entfernen.

Die Brombeeren und Heidelbeeren brauchen etwa 110 g/¼ Pfd. Zucker auf 450 g/1 Pfd. Obst. Die Früchte und den Zucker zusammen dünsten bis die Früchte weich sind. Dann die Mischung durch die Mouli/das Sieb arbeiten, um die Schalen und Samen zu entfernen. Diese Soßen können alle vorbereitet und dann aufgewärmt werden, um sie mit dem Auflauf zu servieren.

- 90 g/3 oz Butter
- 60 g/2 oz Mehl
- 300 ml/10 fl oz/1 ¼ Tassen Milch
- 60 g/2 oz Streuzucker
- 4 große Eier (getrennt)
- 3x15 ml EL Irish Mist Likör

Für: 4 Personen
Zubereitungszeit: 10′
Kochzeit: 40-45′
Schwierigkeitsgrad: ●●
Geschmack: ●●●
Kcal (pro Portion): 679
Proteine (pro Portion): 17
Fette (pro Portion): 33
Nährwert: ●●●

- 700 g/1 ½ Pfd./3 ½ Tassen Streuzucker
- 2 ⅓ l/4 Pts/9 ¼ Tassen Wasser
- 600 ml/20 fl oz/2 ½ Tassen Bailey's (oder anderen) Irish Cream Likör
- Borretschblüten (wahlweise)

Bailey's Irish Cream Wassereis

Für: 8 Personen

Zubereitungszeit: ein paar Minuten, plus Gefrierzeit

Kochzeit: keine

Schwierigkeitsgrad: ●

Geschmack: ●●●

Kcal (pro Portion): 288

Proteine (pro Portion): 1

Fett (pro Portion): 0

Nährwert: ●●●

Einen Sirup aus dem Zucker und dem Wasser herstellen. Beides dafür zusammen kochen, bis eine klebrige Schicht auf der Rückseite eines Metalllöffels haften bleibt. Abkühlen lassen. Sahnelikör einrühren. In die Eismaschine gießen und arbeiten lassen bis alles gefroren ist. Leicht erwärmt in Gläsern servieren, dekoriert mit blauen Borretschblumen. Nicht einmal einen Tag aufbewahren, sonst geht der Likörgeschmack und das Aroma verloren.

Bailey's Irish Cream Likör war der erste seiner Art. Jetzt gibt es ein halbes Dutzend andere, aber Bailey's ist am häufigsten erhältlich und steht als größte Spirituosenmarke an fünfzehnter Stelle weltweit. So sehr er auch ein beliebtes Getränk ist, so sehr wird er ebenfalls für Desserts verwendet, darunter Käsekuchen und Trifle (englischer Nachtisch) sowie in süßen Soßen.

Lughnasa war das alte keltische Fest von Lugh, dem heidnischen Sonnengott des Lichts und des Genies. Es wurde Anfang August gefeiert und kennzeichnete den Beginn der Ernte und die Reife der Früchte der Erde. Fraughans (wilde Heidelbeeren) waren unter den ersten Wildfrüchten, die in Irland reiften. Es war Tradition, einen hohen Berg zu erklimmen, Fraughans zu pflücken und ein Lughnasafeuer anzuzünden als Dank an den Sonnengott, der die Ernte ermöglichte. Das Christentum verdrängte den Sonnengott Lugh, aber die Tradition lebte bei jungen Leuten, die sich auf einem örtlichen Berg zum Feiern, Spielen, zu Kraftproben, Werben und wildem Tanzen versammelten, weiter. In den letzten Jahren wurden Fraughan Feste in bergigen Teilen Irlands wiederbelebt. Fraughans, die Kulturheidelbeeren ähnlich sind, sind eine verschwiegene Beere. Sie verstecken sich zwischen den Blättern der wilden Kleingewächse.

Für: 4 Personen

Zubereitungszeit: 15' plus Kühlzeit

Kochzeit: 2'

Schwierigkeitsgrad: ●

Geschmack: ●●

Kcal (pro Portion): 248

Proteine (pro Portion): 5

Fett (pro Portion): 17

Nährwert: ●●●

Fraughan Fool

- 300 g/10 oz „Fraughans" (Heidelbeeren)
- 90 g/3 oz/knapp ½ Tasse Streuzucker, oder nach Geschmack
- Saft einer Zitrone
- 125 ml/4 fl oz/½ Tasse Doppelsahne
- 60 ml/2 fl oz Frischkäse
- 1-2 EL Wasser

Die Heidelbeeren in einen Topf mit Wasser geben und bei geringer Hitze kochen, bis sie weich sind. Ein paar der ganzen Beeren abnehmen. Die Beeren mit dem Zucker in einer Küchenmaschine pürieren.

Das Mus durch ein feines Sieb passieren; das sich ergebende Mus sollte dick sein. Den Zitronensaft hinzufügen, probieren und mit Zucker nach Geschmack abschmecken. Sahne schlagen bis sich weiche Spitzen bilden, dann vorsichtig in den Frischkäse rühren. Zwei Drittel des Heidelbeermuses unter diese Mischung unterheben. Die zurückgestellten Beeren zum verbleibenden Mus hinzufügen und den Großteil in vier Weingläser füllen. Die Hälfte der Sahne, den Frischkäse und die Heidelbeermischung auf die Gläser aufteilen. Eine dünne Schicht des übrigen Heidelbeermuses darauf löffeln. Mit einer weiteren Schicht der Sahnemischung abschließen. Kühlen. Mit Haferkeksen oder Haselnussgebäck servieren.

Brombeer - Apfel- Streuselkuchen

Für die Füllung:
- 700 g/1 ½ Pfd. Tafeläpfel (vorzugsweise Bramley)
- 250 g/9 oz Brombeeren
- 110 g/4 oz/½ Tasse Zucker (oder nach Geschmack)
- ein paar ganze Gewürznelken oder ½ TL frisch geriebene Muskatnuss

Für den Streuselteig:
- 110 g/4 oz/1 Tasse ungesiebtes Weißmehl
- 60 g/2 oz/⅔ Tasse Haferflocken
- 90 g/3 oz Butter, kleingeschnitten
- 100 g/3 ½ oz/knapp ½ Tasse hellbrauner Zucker

Für: 4-6 Personen

Zubereitungszeit: 10′

Kochzeit: 40-45′

Schwierigkeitsgrad: ●

Geschmack: ●●

Kcal (pro Portion): 515

Proteine(pro Portion): 4

Fette (pro Portion): 36

Nährwert: ●●●

Äpfel schälen, entkernen und in Stücke schneiden. In eine ovale oder rechteckige Kuchenform mit den Brombeeren geben. Zucker und die Gewürze darüber streuen. Wenn Sie Süßes besonders lieben, die gesamte Menge verwenden. Butter in das Mehl reiben. Zucker und Haferflocken dazugeben und gut durchmischen, dabei leicht zusammendrücken. Gleichmäßig über das Obst verteilen. Bei 180°C/350°F/Gas 5 für 40-45 Minuten backen, bis die Streusel goldbraun sind und das Obst zart. Heiß mit Schlagsahne servieren. Anstelle von Äpfeln kann man Rhabarber, Pflaumen, eine Mischung aus Brombeeren und Äpfeln oder Stachelbeeren verwenden.

ALTERNATIVER STREUSELBELAG:

- 175 g/6 oz/1 ½ Tassen ungesiebtes Mehl
- 90 g/3 oz Butter
- 90 g/3 oz/ knapp ½ Tasse brauner Rohrzucker
- 60 g/2 oz/½ Tasse Walnüsse, gehackt

Butter in das Mehl reiben und mit dem Zucker und den gehackten Walnüssen vermischen. Auf der Füllung verteilen und leicht andrücken.

Irische Bauernkäse

Junge irische Tänzer in traditionellen Kostümen.

Käse bildete einen erheblichen Teil der irischen Ernährung bis fast ins siebzehnte Jahrhundert. Allmählich bedingten geschichtliche und wirtschaftliche Faktoren einen langsamen aber unaufhaltsamen Rückgang des Käseverzehrs und Käseherstellens in Irland. Ein Jahrhundert später begannen landwirtschaftliche Genossenschaften damit, „Molkerei"-Käse herzustellen und zu vermarkten, um Milchüberschüsse aufzubrauchen. Sie hatten großen Erfolg und exportierten hauptsächlich eine Cheddarsorte überall in die Welt. Vor etwa dreißig-vierzig Jahren begann eine neue Generation junger Bauernkäsemacher eine Wiederbelebung dieser alten irischen Tradition. Obwohl diese neuen Käsemacher ihre handwerklichen Fähigkeiten vom Festland Europa holten, erstaunt es viele europäische Besucher bis heute, dass alle Bauernkäse bei ihrem Hersteller einzigartig sind. Alle haben aber die hohe Qualität irischer Milch gemeinsam. Unser Klima erlaubt es Kühen, Ziegen und Schafen, neun Monate des Jahres draußen im grünen, gut bewässerten Gras zu sein und sie im Winter mit natürlichem Grasfutter zu füttern. Viele handwerkliche Käsemacher bebauen Gebiete, die für ihren Überfluss und ihr natürliches Gras bekannt sind. Das zusammen mit der Persönlichkeit der Käsemacher ist es, was jeden Bauernkäse einzigartig macht. Heute gibt es mehr als achtzig Bauernkäsemacher. Viele dieser einzigartigen Käse werden exportiert. Irischen Bauernkäse findet man jetzt in Spezialitätenläden weltweit.

Eine einfache Käseplatte ist der ideale Weg, um die Auswahl und die Individualität der irischen Bauernkäsesorten einzuschätzen. Wählen Sie mindestens 3 Käse aus, die eine Vielfalt an Geschmack, Konsistenz und Farbe bieten. Nach Stärke anbieten, den Mildesten zuerst, dann weiter zum Stärksten. Folgende Vorschläge sind nur einige der vielen möglichen Kombinationen, die Ihnen ermöglichen, die wundervolle Welt des irischen Bauernkäses, zu genießen.

Eine irische Käseplatte wird zusammen mit traditionellen Haferkeksen, einfachen Keksen oder Vollkornbrot serviert. Manchmal wird Obst wie Äpfel, Birnen, Trauben oder sogar knusprige Selleriestangen dazu gereicht.

1. MINE GABHAR VOM CROGHAN ZIEGENHOF. Ein natürlicher Rindenkäse, weich, leicht süß, mit eichigen, kräutrigen Aromen. **OISÍN** ist ein organischer, Gouda-ähnlicher Käse der, wenn gut gereift, einen starken Geschmack hat. **ARDRAHAN** ist ein rustikaler Käse mit goldbraun gewaschener Rinde, halbfest, dessen erdiger, rauchiger Geschmack kräftiger wird, wenn er altert. **DESMOND** und **GABRIEL** aus der West Cork Cheese Company sind im Schweizer Almstil gemacht. **DESMOND** ist der intensivere, mit würzigen Aromen, abgestimmt mit Blumenelementen. **GABRIEL** ist, obwohl feiner, immer noch intensiv, aber süßer, zarter.

2. KNOCKALARA ist ein frischer, feuchter Ziegenkäse, ein feiner Geschmack mit Spuren von Zitrone und Kräutern. **CORLEGGY** ist ein natürlicher Ziegenkäse mit Rinde und einer glatten, festen Konsistenz sowie reichhaltigen, vielschichtigen Aromen. **CASHEL BLUE** hat ein eigenes, buttrig-süßes Wesen. Mit etwa 4 Monaten verzehrt, bekommt er ein sattes Gelb und wird buttrig. **MILLEENS** hat eine marmorierte Pfirsich- und manchmal feurig orangengewaschene Rinde. Er entwickelt sich von halbfest zu cremig mit einem komplexen Geschmack von Kräutern mit einem würzigen Wesen.

3. BOILIE Ziegenkäse vom Ryefield Hof ist weich, frisch und aromatisch. **DILLISKUS** ist ein harter Käse mit einem Geschmack, der nicht vom Aroma der Rotalge (einer Alge aus der traditionellen irischen Esskultur) überlagert wird. **CRATLOE HILLS GOLD** ist ein Schafsmilchkäse, der, gut gereift, eine trockene Konsistenz und einen kräftigen Toffeegeschmack hat. **CROZIER BLUE,** ein Schafsmilchkäse von den Herstellern des **CASHIEL BLUE** hat einen ausgeprägten, weichen Geschmack und eine dicke, buttrige Konsistenz. **WICKLOW BAWN** ist eine frisch schmeckende, cremige Camembertsorte. Reif hat er einen weichen, kräftigen Geschmack mit einem scharfen Nachgeschmack. **DURRUS** ist ein gewaschener Rindenkäse. Er hat ein erdiges Aroma und eine samtige, feuchte Konsistenz. **GUBEEN** ist ein gewaschener Rindenkäse, der, wenn gut gereift gegessen, ein duftendes Pilzaroma entwickelt, das den jüngeren, eichigen Geschmack und die feuchte Textur des Käses vervollständigt.

Festgerichte

Der königliche blaue Speisesaal, Bantry House, Grafschaft Cork.

In Irland ist der Geist der Gastfreundlichkeit tief verwurzelt. Iren tun nichts lieber, als eine Feier oder ein Fest zusammen mit Familie und Freunden, zu feiern. Festessen sind komplizierter als die, die man den Rest des Jahres über serviert. Auf dem Speiseplan stehen besondere Gerichte oder Nahrungsmittel, die es nur für diese Gelegenheit gibt. Im irischen Kalender gibt es viele besondere Tage. St. Patrick's Day (der Nationalfeiertag) inspiriert eine Reihe von Getränken sowie Gerichten, Weihnachten ist das wichtigste Fest, wenn Familien und Freunde aus dem Ausland zusammenkommen und ein traditionelles Weihnachtsessen genießen - gefüllter Truthahn oder Gans, im Ofen gebraten, Backschinken, Plum Pudding, Mince Pies. Sie beenden das Essen mit dem unglaublich üppigen und bis ins Einzelne dekorierten Weihnachtskuchen (der Anlass gibt zu wettbewerblichem Backen und Besucher müssen ihn bewerten). Zu Ostern ist leckeres Frühlingslamm das Hauptgericht (während die Kinder an Schokoladeneiern naschen). Halloween ist ein weiteres Fest mit besonderen Gerichten, vor allem Barm Brack (Hefebrot mit Rosinen) und Colcannon (Kartoffel-Kohl Püree), der traditionell einen Ring und andere Kleinigkeiten enthält.

Irischer Whiskey-Weihnachtskuchen

- 450 g/1 Pfd./3 Tassen Johannisbeeren
- 175 g/6 Pfd./1 Tasse Sultaninen
- 175 g/6 Pfd./1 Tasse Rosinen
- 60 g/2 oz/⅓ Tasse kandierte Kirschen, gewaschen und kleingeschnitten
- 60 g/2 oz ⅓ Tasse gemischte Zitronenschale, fein gehackt
- 225 g/8 oz/2 Tassen ungesiebtes Weißmehl
- 1 TL gemahlener Zimt
- 1 TL geriebene Muskatnuss
- 1 TL gemahlener, getrockneter Ingwer
- 60 g/2 oz/½ Tasse gehackte Mandeln
- 225 g/8 oz/1 großzügige Tasse dunkelbrauner Zucker
- 1 EL Rübensirup, erwärmt
- 225 g/8 oz ungesalzene Butter
- 3 große Eier
- geriebene Schale 1 unbehandelten Zitrone
- geriebene Schale 1 unbehandelten Orange
- 3 EL irischer Whiskey (und mehr zum Beträufeln des Kuchens)

Für die traditionellen Glasuren:
Mandelglasur (Marzipan):
- 225 g/8 oz/2 ½ Tassen Mandeln, gemahlen
- 110 g/4 oz/1 Tasse Puderzucker
- 110 g/4 oz/1 Tasse Streuzucker
- 2 TL Zitronensaft
- 1 mittelgroßes Ei, geschlagen

Für den Guss:
- 3 EL Johannisbeermarmelade
- 3 EL Wasser
(Hinweis: 500 g/1 Pfd. 2 oz fertige Mandelglasur (Marzipan) kann statt dieser Glasur verwendet werden).

Königsglasur:
- 2 mittelgroße Eiweiße
- 450 g/1 Pfd./4 Tassen Puderzucker
- ½ TL Zitronensaft
- 1 TL Glyzerin

Für den alternativen Obst-Nuss-Belag:
- 90 g/3 oz/½ Tasse ganze kandierte Kirschen (rot und grün)
- 90 g/3 oz/½ Tasse ganze Nüsse (Para- und Walnüsse)

Für den Guss:
- 250 ml/8 fl oz/1 Tasse irischer Apfelwein
- 110 g/4 oz/ großzügige ½ Tasse Streuzucker

Für ein optimales Ergebnis hochwertige Trockenfrüchte wählen (möglichst schwefelfrei). In der Nacht vor dem Backen alle Trockenfrüchte in eine Schüssel geben und mit Whiskey beträufeln. Abdecken und ruhen lassen, damit der Geschmack aufgenommen wird. Eine runde 20 cm/8 Zoll (oder eine viereckige 18 cm/7 Zoll) tiefe Kuchenform mit abnehmbarem Boden einfetten und mit Backpapier auslegen. Mehl und Gewürze zusammen in eine Schüssel sieben.

1 Butter und Zucker zusammen schaumig rühren, bis alles sehr leicht, hell und luftig ist. Einen EL Mehl in die geschlagene Zucker-Butter einrühren, dann die Eier unterschlagen, jeweils einen EL. Sehr gründlich vorgehen, wenn die Mischung sich zerteilt oder gerinnt, ein bisschen Mehl vor der nächsten Beigabe von Ei hinzufügen. Das Mehl unterheben (diesmal nicht schlagen). Jetzt alle übrigen Zutaten einrühren. Ergibt eine steife Mischung (wenn sie zu steif erscheint, ein bisschen Apfelwein hinzufügen). Traditionell wünschen sich die Mitglieder eines Haushalts etwas, vor allem Kinder, solange der Kuchen gerührt wird. Jetzt ist der Zeitpunkt, den Kuchen ein letztes Mal zu rühren. Die Mischung in die Kuchenform geben, verteilen und in der Mitte (vorsichtig) mit der Rückseite eines Löffels eine Vertiefung machen. Traditionell wird ein Streifen Packpapier um die Form gewickelt (ein Versuch, Anbrennen zu verhindern), das tun aber wenige. Allerdings sollte ein zweilagiges Blatt Backpapier zur Hand

Die Große Halle, Bunratty Castle, Grafschaft Clare.

Traditionell hat dieser Kuchen eine Doppelglasur, zuerst die Mandelglasur (Marzipan), dann die Königsglasur. Anschließend wird er mit Stechpalmenblättern und -beeren oder fertigen Weihnachtsfiguren wie dem Weihnachtsmann, dekoriert. Der gleiche Kuchen mit verschiedenen Dekorierungen wird für Hochzeiten und Taufen verwendet. Alternativ kann der Kuchen mit Obst und Nüssen zu einem dekorativen Muster belegt werden.

Für: 12-16 Stück

Zubereitungszeit: 45'
	plus 6-8 Wochen Reifezeit

Kochzeit: 4-4 ¾ Std.

Schwierigkeitsgrad: ●●●

Geschmack: ●●●

Kcal (pro Portion): 560

Proteine (pro Portion): 4

Fett (pro Portion): 9

Nährwert: ●●●

DEN KUCHEN

GLASIEREN:

2 Drei Tage vor Weihnachten die Glasur beginnen. Zunächst den Guss auftragen, damit die Mandeln an dem Kuchen haften. Die Johannisbeermarmelade in gleichen Teilen mit Wasser schmelzen und die mit der Hälfte die Oberseite des Kuchens einpinseln.

3 Für die Mandelglasur (Marzipan) Zucker und gemahlene Mandeln vermengen, gerade genug Ei hinzufügen, dass die Konsistenz weich ist. Kneten bis der Teig weich und nachgiebig ist.

sein, um es auf den Kuchen zulegen, sollte der zu braun werden. Bei 130°C/275°F/ Gas 1 auf einer Stufe unter der Mitte des Ofens 4 ¼-4 ¾ Stunden backen. Auf keinen Fall den Ofen am Anfang der Backzeit öffnen. Nach etwa 3 Stunden kann man ihn sicher in vereinzelten Intervallen kontrollieren und wenn nötig die Oberseite abdecken. Die Ofentür aber langsam schließen! Der Kuchen ist fertig, wenn eine Spur eines zischenden Geräusches zu hören ist und ein Holzstab, der in die Mitte des Kuchens gesteckt wurde, sauber wieder herauskommt. Form abkühlen lassen. Herausnehmen, das Papier entfernen und in zwei Lagen frisches Papier einwickeln und in einer Büchse zum Reifen 6-8 Wochen aufbewaren. In Abständen mit irischem Whiskey beträufeln. Dafür mehrere Löcher mit einem Holzstab oder einer Stopfnadel in die Oberfläche stechen und teelöffelweise Whiskey hineinträufeln. Einsaugen lassen, dann wieder einwickeln. Beim nächsten Mal den Boden beträufeln und dann die Seiten.

Die Arbeitsfläche mit Puderzucker bestäuben. Etwa ein Drittel der Mandelglasur auf die Größe des Kuchens ausrollen. Den Kuchen, die Seite mit Guss nach unten, auf die Glasur legen und fest andrücken. Überschüsse entfernen und richtig herum drehen.

Die übrige Glasur zu einem langen Streifen rollen (der Umfang ist etwa der Durchmesser mal drei). Die Seiten mit der übrigen Glasur bestreichen. Die Seite des Kuchens den Streifen entlang rollen, die Glasur dabei in den Kuchen drücken. Die Ecken entfernen und leicht reiben bis ein weicher Abschluss entsteht. Über Nacht an einem kühlen Ort trocknen lassen.

4 Für die Königsglasur Eiweiß steif schlagen. Die Hälfte des Zuckers unterrühren, bis er aufgelöst ist. Den übrigen Zucker dazugeben, jeweils ein bisschen Zitronensaft und Glyzerin hinzufügen. Weiter rühren bis die Mischung leicht und luftig ist und Spitzen bildet. Schüssel mit einem feuchten Tuch oder Frischhaltefolie abdecken und eine halbe Stunde vor Gebrauch stehen lassen. Den Kuchen auf einen Drehteller stellen und die Glasur mit einem Streichmesser verteilen, dabei alle entstehenden Luftblasen herausdrücken. Häufig spritzt man Rosetten um die Oberkante des Kuchens. Bevor das erfolgt, muss die Glasur jedoch 24 Stunden lang an einem kühlen, trockenen Ort trocknen (idealerweise nicht wärmer als 18°C). Sicherstellen, dass die Glasur komplett trocken ist, bevor man sie mit Stechpalme oder gebrauchsfertigen Weihnachtsdekorationen dekoriert.

DER ALTERNATIVE OBST-NUSS-BELAG:

Etwa einen Tag vor Weihnachten Zucker und Apfelwein zusammen in einen Topf geben, unter Rühren zum Kochen bringen. Hitze reduzieren und köcheln lassen, bis die Flüssigkeit auf etwa 5 EL reduziert ist. Die Hälfte davon auf die Oberseite des Kuchens streichen. Kirschen und Nüsse in Reihen (oder anderen Mustern) draufsetzen. Dann den übrigen Guss verwenden, um die Früchte und Nüsse zu bestreichen.

Gewürztes Rindfleisch

> Für: 6-10 Personen
> Zubereitungszeit: 15' plus
>   2' jeden Tag 18 Tage lang
> Kochzeit: 3 ½-5 Std.
> Schwierigkeitsgrad: ●●●
> Geschmack: ●●●
> Kcal (pro Portion): 267
> Proteine (pro Portion): 50
> Fett (pro Portion): 2
> Nährwert: ●

1 Zum Würzen des Rindfleisches Salz und Salpeter vermischen und etwas davon in das Fleisch reiben, dabei sicherstellen, dass es gut in alle Hohlräume und Risse gelangt. In eine Glas- oder nicht-metallische Schüssel geben und bedeckt im Kühlschrank oder an einem anderen sehr kühlen Ort lassen. Diesen Vorgang alle 4 Tage wiederholen. Als nächstes die ganzen Gewürze mahlen und mit Zucker, Gewürznelken und Lorbeerblättern vermischen. Diese Mischung in das Rindfleisch reiben und in einen sauberen Behälter legen. Im Kühlschrank lagern. Jeden zweiten Tag für die kommenden 10-14 Tage den Braten wenden und die Gewürze einreiben, die an dem Fleisch haften.

2 Vor dem Kochen ein Bund Thymian und ein paar Lorbeerblätter an dem Braten festbinden. In einen Topf legen der gerade groß genug für das Fleisch ist. Eine Zwiebel mit den Gewürznelken gespickt, eine Karotte, eine Stange Sellerie und ein Dutzend ganze Pfefferkörner hinzufügen. Mit kaltem Wasser bedecken (wenn gewünscht gemischt mit einer Flasche Starkbier, für den charakteristischen Geschmack). Zum Köcheln bringen, fest abdecken und auf unterer Schiene bei 140°C/275°F/Gas 1 etwa 5 Stunden lang garen. Wenn bevorzugt, sehr leise etwa 3 ½ Stunden auf dem Kochfeld köcheln lassen.

Komplett gar sollte er weich und zart sein.

3 Gewürztes Rindfleisch kann heiß gegessen werden, wird aber für gewöhnlich kalt serviert. Dafür in der Kochflüssigkeit etwa 2 Stunden abkühlen lassen. Herausnehmen und in Backpapier einwickeln. Dann leicht mit Gewichten andrücken während im Kühlschrank gelagert. Zum Servieren mit einem sehr scharfen Messer in sehr dünne Scheiben schneiden. Wird oft als Fingerfood auf dünn geschnittenem Vollkornbrot serviert, bestrichen mit einem Fruchtchutney und gehackten Pickles (süß-saure Birnen, süß eingelegte Zwiebeln oder Piccalilli passen gut), als Tellergericht mit einem grünen Salat, oder einem Sellerie-Walnuss-Salat mit knusprigem Weißbrot und Butter.

HINWEIS: Für dieses Rezept ist es wichtig, dass die Zutaten sehr sorgfältig abgewogen werden.

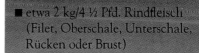

- etwa 2 kg/4 ½ Pfd. Rindfleisch (Filet, Oberschale, Unterschale, Rücken oder Brust)

Zum Würzen (etwa 3 Wochen):
- 15 g/½ oz Salpeter
- 225 g/8 oz Meersalz
- 30 g/1 oz Piment
- 30 g/1 oz ganze schwarze Pfefferkörner
- 90 g/3 oz dunkelbrauner Zucker
- 12 getrocknete Wacholderbeeren (zerstoßen)
- eine große Prise gemahlene Gewürznelken
- 3 Lorbeerblätter

Zum Kochen:
- ein Bund frischer Thymian
- 3 Lorbeerblätter
- 1 Zwiebel, gespickt mit ganzen Gewürznelken
- 1 Karotte
- 1 Stange Sellerie
- 12 ganze Pfefferkörner

Seit frühesten Zeiten wurden Gewürze in Irland importiert, waren aber knapp und teuer. Darum gab es dieses Gericht nur zu festlichen Gelegenheiten, vor allem zu Weihnachten. Eine Tradition, die bis heute weiterlebt und kein kaltes irisches Weihnachtsessen ist komplett ohne gewürztes Rindfleisch.

- ■ etwa 450 g/1 Pfd. Mürbeteig

Für die Pastetenfüllung:
- ■ 700 g/1 ½ Pfd./4 Tassen Trockenfrüchte (gleiche Teile Sultaninen, Rosinen und Johannisbeeren)
- ■ 110 g/4 oz/¾ Tasse gemischte Zitrusschale (wahlweise)
- ■ 225 g/8 oz/großzügig 1 Tasse feuchter, dunkelbrauner Zucker (Muscovado)
- ■ 110 g/4 oz/1 Tasse Rindertalg, gerieben
- ■ 60 g/2 oz/⅔ Tasse gemahlene Nüsse (Haselnüsse oder Mandeln)
- ■ 1 großer, säuerlicher Kochapfel, geschält, entkernt und fein gehackt
- ■ 1 TL Muskatnuss, gerieben
- ■ ½ TL Piment, gemahlen
- ■ ½ TL Zimt, gemahlen
- ■ 1 Zitrone, Schale und Saft
- ■ 125 ml/4 fl oz/½ Tasse irischer Whiskey

Ergibt etwa 2x450 g/1 Pfd.-Behälter Pastetenfüllung (genug für 12 Pasteten).

Für: 12 Stück

Zubereitungszeit: 20' plus 2 Wochen Reifezeit für die Füllung

Kochzeit: 20'

Schwierigkeitsgrad: ●●

Geschmack: ●●●

Kcal (pro Portion): 526

Proteine (pro Portion): 3

Fett (pro Portion): 12

Nährwert: ●●●

Mince Pies mit irischem Whiskey

ie Füllung zwei Wochen vorher machen, damit sich die Aromen entwickeln können. In einer großen Rührschüssel alle Zutaten verrühren, bis alles gut gemischt ist. Abdecken und 24 Stunden lang an einem kühlen Ort lassen. Vor dem Füllen in saubere Einmachgläser nochmals gut durchmischen. Fest abdecken und an einem kühlen, dunklen Ort lagern. Für die Pasteten leicht den Boden einer flachen 12-Stück-Brötchenform einfetten. Den Teig ausrollen und einen 9 cm/3 ½-Zoll Teigschneider (oder die passende Größe für Ihre Brötchenform) verwenden um 24 Kreise auszuschneiden. Einen in jede der zwölf Brötchenformen legen, dann mit etwa einem gehäuften Teelöffel der Füllung füllen. Die Ränder jedes Pastetenbehälters befeuchten, dann die zwölf übrigen Teigkreise als Deckel draufsetzen. Die Ecken zusammendrücken um alles fest zu versiegeln. Bei 220°C/425°F/Gas 7 etwa 20 Minuten lang oder goldbraun backen. Die Pasteten vorsichtig aus der Form nehmen und zum Abkühlen auf einen Gitterrost legen. Mit Puderzucker bestreuen und noch warm servieren. Gewöhnlich werden sie mit ein wenig Schlagsahne serviert.

Gebackener Schinken mit Apfelwein, Senf und Apfelsoße

- Stück vom Schinken (Ihrer Wahl)
- 1 Zwiebel, geschält
- 1 große Karotte
- 2 Selleriestangen
- 1 Lorbeerblatt
- 8 ganze schwarze Pfefferkörner

Für den Guss:
- 1-2 ganze Gewürznelken
- 250 ml/8 fl oz/1 Tasse frisch gepresster Orangensaft
- 2-3 EL brauner Rohrzucker
- 1 TL Senfpulver

Für die Soße:
- 2 Bramley Kochäpfel, geschält, entkernt und gehackt
- 300 ml/10 fl oz trockener Apfelwein
- 1 TL Zucker, oder mehr nach Geschmack
- 1 EL irischer Vollkorn-Senf oder Dijon-Senf
- 2 TL Butter

Für: 4-16 Personen, je nach Größe des Fleisches

Zubereitungszeit: 5' plus Einziehzeit

Kochzeit: 1 ½-5 Std., je nach Größe des Fleischstücks

Schwierigkeitsgrad: ●●

Geschmack: ●●

Kcal (pro Portion): 266

Proteine (pro Portion): 29

Fett (pro Portion): 10

Nährwert: ●●

D en Schinken 12 Stunden lang in zwei Wasserwechseln einweichen lassen. In einen großen Topf legen, Gemüse, Lorbeerblatt und Pfefferkörner hinzufügen und mit kaltem Wasser bedecken. Langsam zum Köcheln bringen, abdecken und 25 Minuten pro 450 g/1 Pfd. lang leicht köcheln lassen (für Stücke über 3,5 kg/8 Pfd. 20 Minuten pro 450 g/1 Pfd.). Von der Hitze nehmen und in der Kochflüssigkeit leicht abkühlen lassen. Herausnehmen und die Haut vom Schinken entfernen, das Fett daran lassen. Mit einem scharfen Messer ein Gittermuster in das Fett schneiden. Zucker und trockenes Senfpulver vermischen und gleichmäßig auf dem Fleisch andrücken. Den Belag, der abfällt, wieder andrücken. Wo sich die Linien der Schnitte kreuzen eine Gewürznelke einstecken. Ofen auf 220°C/425°F/ Gas 7 vorheizen. Den Schinken in einen Bräter legen, Orangensaft dazugießen. Etwa 20 Minuten lang backen oder bis der Zucker leicht karamellisiert ist. Den Apfel in Apfelwein und Zucker weich kochen. Mit einem Holzlöffel glatt klopfen. Den Senf und die Butter einrühren und nach Geschmack würzen. Heiß servieren. Wenn gewünscht, kann die Soße zu Schaum gemacht werden, sie dafür kurz vor dem Servieren in einem elektrischen Mixer verquirlen.

Halloween Nachspeise mit Eiercreme

- 60 g/2 oz/½ Tasse ungesiebtes Weißmehl
- 100 g /3 ½ oz Butter, in kleine Würfel geschnitten
- 110 g/4 oz/1 Tasse Vollkornsemmelmehl
- ½ TL Backpulver
- 1 TL gemischte Gewürze
- ½ TL Salz
- 60 g/2 oz/¼ Tasse Streuzucker
- 225 g/8 oz/1 ¼ Tassen gemischte Trockenfrüchte
- 1 EL Rübensirup
- 175 ml/6 fl oz/¾ Tasse Buttermilch

Für die Creme:
- 5 Eigelb
- 60 g/2 oz/¼ Tasse Streuzucker
- eine halbe Vanilleschote oder 1 TL Vanilleextrakt
- 500 ml/16 fl oz/2 Tassen Vollfettmilch oder Einzelsahne (leicht)
- 60 ml/2 fl oz irischer Whiskey oder nach Geschmack

1 Mehl in eine Rührschüssel mit der Butter sieben. Butter in das Mehl reiben, bis die Mischung Semmelbröseln ähnelt. Das Backpulver, die gemischten Gewürze und Salz zusammen sieben und sorgfältig in die Mehlmischung einarbeiten. Alle anderen Zutaten hinzufügen, dabei genug Buttermilch verwenden, damit die Mischung weich, aber nicht matschig wird. Eine 1-Liter/2-Pfd./2-Pint Dessertschüssel mit Butter einfetten (sie sollte groß genug sein, dass die Mischung sich ausdehnen kann).

2 Mit zwei Lagen Backpapier abdecken, dabei in der Mitte eine Falte machen. Fest mit Schnur zusammenbinden, sie dabei über die Mitte legen, um einen Griff zu machen mit dem man die gekochte Nachspeise aus dem Topf nehmen kann. Etwa 3 Stunden lang dampfgaren. Heiß und in Ecken geschnitten servieren.

Für die Creme Eigelb und Zucker zusammen luftig und dick schlagen. In einer Kasserolle Milch oder Sahne und Vanille erhitzen, aber nicht aufkochen lassen. Leicht abkühlen lassen. Dann über die Eier gießen und gut verrühren. Den Whiskey (nach Geschmack) in die Creme schlagen. Langsam über sehr niedriger Hitze kochen, bis die Mischung an einer Löffelrückseite haftet. Die Nachtischstücken mit der Creme servieren.

Ein Poster für Guinness,
Irlands berühmtestes Produkt.

Für: 4-6 Personen
Zubereitungszeit: 20'
Kochzeit: 3 Std.
Schwierigkeitsgrad: ●
Geschmack: ●●
Kcal (pro Portion): 906
Proteine (pro Portion): 19
Fett (pro Portion): 32
Nährwert: ●●●

Dieser Nachtisch wird
im Lower Ards Gebiet
von Irland zu Halloween
gegessen, ist aber auch
eine leichtere Alternative
zum traditionellen
Christmas Pudding.
„Anreize" (Favours),
die immer einen Ring
beinhalten (oft nur ein
Kupferring), werden
zu Halloween in den
Nachtisch gelegt (zur
Sicherheit in Backpapier
wickeln).

Pochierter Lachs

Für: 10-20 Personen,
   je nach Gewicht des Fisches
Zubereitungszeit: 5'
Kochzeit: 20-40', je nach Gewicht
   des Fisches
Schwierigkeitsgrad: ●
Geschmack: ●●
Kcal (pro Portion): 342
Proteine (pro Portion): 55
Fett (pro Portion): 13
Nährwert: ●●

- 1 ganzer Lachs,
  ausgenommen
- Wasser/Gemüsebrühe
- trockener Weißwein
  (wahlweise)

Ein Allzweck-Festessen, das auf einem irischen Büffettisch fast Pflicht ist. Es wird normalerweise sehr dekorativ serviert, Haut und Schuppen durch sehr dünn geschnittene Gurken ersetzt.

Den Fisch auf die Seite in einen Fischkessel legen (auf einem Foliestreifen oder Musselin, damit er leicht herausgehoben werden kann). Soviel Wasser oder Gemüsebrühe darübergießen (nach Wunsch etwas Weißwein dazugeben), dass er gerade bedeckt ist. Über geringer Hitze langsam zum Köcheln bringen. Wenn der Fisch kalt verzehrt wird, die Hitze abstellen und den Fisch vor dem Herausnehmen in der Flüssigkeit abkühlen lassen. Den Fisch häuten bevor er vollständig abgekühlt ist, dazu die Haut am Rücken entlang aufschneiden und abziehen. Wird der Fisch heiß verzehrt, weitere 10 Minuten für das erste kg/2 ¼ Pfd. köcheln lassen, oder 15 Minuten für das zweite und 20 Minuten wir das dritte. Das Fleisch sollte am Knochen undurchsichtig sein und ein dünnes Stäbchen sollte leicht in den dicksten Teil des Fisches zu stecken sein.

Getränke

Whiskeyverkostung in der Bushmills Brennerei, Grafschaft Antrim.

Das irische Klima ist ungeeignet für den Weinbau jeder Größenordnung. Jedoch werden Weine wurden seit keltischen Zeiten importiert, und wegen der historischen politischen Verdrängung und Auswanderung, sind viele der großen Namen des französischen Weinbaus irisch. Getreide und Hopfen, die im irischen Klima gediehen, hatten zur Folge, dass das Brauen ebenfalls früh begann und charakteristische Biere, Apfelwein, Met (ein auf Honig basierendes, fermentiertes Getränk) wurden weitgehend hergestellt, Porter und Starkbier - das bekannteste - wurden entwickelt. Das Brennen trat viel später auf. Historiker diskutieren darüber, wann der GetreideWhiskey aufkam, obwohl die Annalen der vier Meister 1403 „uisce beatha" (Wasser des Lebens) erwähnen.

Irish Coffee

- 1 Barmaß (37,5 ml/2 ½ EL) irischer Whiskey
- 1 Maßeinheit starker, heißer, schwarzer Kaffee (genug, um drei Viertel des Glases zu füllen)
- 2 TL Zucker
- 1-2 EL frische Doppelsahne, sehr, sehr leicht geschlagen

Für: 1 Person

1 Kaffee in einen vorgewärmten Weinkelch gießen. Zucker hinzufügen und rühren bis er aufgelöst ist. Whiskey hinzufügen.

2 Einen Teelöffel mit der Rückseite nach oben nah an den Glasrand halten und langsam die Sahne über den Löffelrücken gießen. Sie sollte auf dem Kaffee schwimmen.

Irish Coffee kann nicht ohne Zucker zubereitet werden, denn nur der Zucker lässt die Sahne schwimmen. Die Flüssigkeit wird durch die Sahne getrunken, die nie verrührt wird.

Das ist wahrscheinlich das bekannteste irische Getränk. Joe Sheridan, einst der Koch in der Flugbootbasis in Foynes, war *zweifellos der Erfinder, trotz der Tatsache, dass Shannon Airport heutzutage für gewöhnlich den Ruhm erntet.*

Heißer Whiskeypunsch

- 1 Barmaß (37,5 ml/2 ½ EL) irischer Whiskey
- 1 Zitronenscheibe
- 3 ganze Gewürznelken
- kochendes Wasser
- Zucker (oder Honig) nach Geschmack

Ein 225 ml/6 fl oz-Glas vorwärmen. Dafür einen Teelöffel hineinlegen und frisches kochendes Wasser hineingießen. Der Löffel ist wichtig, da er die Hitze schneller aufnimmt als das Glas und damit ein Springen des Glases vermeidet. Das Glas schnell wieder leeren. Whiskey, Zitrone, Gewürznelken und Zucker hineingeben. Die Zitronenscheibe drücken um etwas Saft auszupressen. Kochendes Wasser bis fast zum Rand des Glases hinzugeben (oder soviel Wasser, wie es Ihren Geschmack trifft). Kurz umrühren, um den Zucker aufzulösen und heiß trinken.

Auch bekannt als „heißer Grog" oder „heißer Whiskey", ein großartiges Getränk, das man an kalten, nebligen Winterabenden halten und trinken kann. Es ist auch ein beliebter Schlummertrunk. Es ist das erste Getränk das Iren einfällt, wenn sie Anzeichen einer Erkältung spüren.

Für: 1 Person

Mudslide-Cocktail

- 1 Schuss Bailey's Irish Cream Likör
- 1 Schuss Wodka
- 1 Schuss Crème de Cacao
- Eis (wahlweise)

Für: 1 Person

Bei Anwendung Eis in ein Martiniglas oder einen mittelgroßen Highball, geben. Den Bailey's vorsichtig in das Glas gießen, danach den Wodka. Die Crème de Cacao über einen Löffel in das Glas laufen lassen, um den „Mudslide" (Schlammlawinen)-Effekt zu erzeugen.

Irish Flag
(„irische Flagge")

- 1 Schuss Crème de Menthe
- 1 Schuss Bailey's Irish Cream Likör
- 1 Schuss Hennessy

Für: 1 Person

1 Die Crème de Menthe in das Glas gießen.

2 Bailey's darauf gleiten lassen, danach den Hennessy. Dies ergibt eine grün-weiß-orangefarbene Tricolore wie die irische Flagge.

Dieser farbige und passend patriotische Cocktail ist genau das richtige, um am 17. März, dem St. Patrick's Day, das Glas zu einem Toast auf das irische Kleeblatt zu erheben.

Das Innere einer Bushmills Whiskeybrennerei.

Nº4·Nº2·Nº3 WASH ST.

Black Velvet

Für: 4-8 Personen
(je nachdem wieviel
Sie trinken möchten)

- 0,75 l/1 ¼ Pint Starkbier
  (Guinness, Murphy's
  oder Beamish), gekühlt
- 1 Flasche Champagner
  (oder Prosecco oder Cava)

*D*as Verhältnis der beiden Flüssigkeiten liegt bei halb zu halb. Es ist aber normal, zu experimentieren. Also ein Glas halb mit Starkbier füllen und nach Geschmack Champagner hinzufügen.

Die Mischung von Champagner und Starkbier teilt die Nation in drei Gruppen: die, für die es eine Verschwendung von gutem Starkbier ist, die, für die es eine Verschwendung von Champagner ist und die, die es als Muntermacher zu jeder Tages- oder Nachtzeit, lieben.

Sloe Gin

- 0,75 l-Flasche Cork Dry Gin
- 8 geschälte Mandelkerne
  oder 1 TL sehr hochwertige
  Mandelessenz
- 250 g/½ Pfd. Schlehen (nach
  dem ersten Frost gepflückt)
- 2 EL Zucker

Ergibt: 1 Liter

*M*it einer scharfen Gabel oder einer Stopfnadel in jede Beere einstechen. Dann direkt in eine 1 l-Weinflasche fallen lassen. Mandelkerne oder Mandelessenz und Zucker hinzufügen. Flasche mit Gin füllen. Fest verkorken. An einem dunklen, nicht zu kalten Ort lagern. Über drei Monate die Flasche einmal wöchentlich schütteln. Danach weitere sechs Monate lang reifen lassen. Nach dieser Zeit den Likör durch einen sauberes Tuch in eine andere Flasche seihen und an einem dunklen Ort lagern. Ein Jahr lang haltbar.

Ein traditioneller und vielgeliebter Bauernlikör der pur oder in Cocktails, getrunken werden kann.

Das irische Pub

ℰin geselliger Umtrunk ist ein wesentlicher Teil irischer Gastfreundlichkeit. Ein paar Stunden in guter Gesellschaft in einem irischen Pub sind ein Erlebnis, das kein Besucher verpassen sollte. Pubs sind aber weitaus mehr als nur ein Ort, um etwas zu trinken. Sie sind ein Treffpunkt, wo Leute eine willkommene, angenehme Gesellschaft, Konversation, Wärme, Behaglichkeit und „ein gutes Pint" (normalerweise ein Starkbier wie Guinness, Beamish oder Murphy's) vorfinden, das sorgfältig von erfahrenen Barkeepern und -keeperinnen serviert wird. Iren neigen dazu, Spirituosen in Maßen zu trinken, gewöhnlich als „starter" vor oder „chaser" nach ein paar Pints, und das ist normalerweise ihr bevorzugter irischer Whiskey oder Cork Dry Gin.

Früh am Tag ist ein traditionelles Pub ein ruhiger Ort, um Zeitungen zu lesen und Meinungen über das aktuelle Weltgeschehen, auszutauschen. Es ist auch ein Ort, um das Rennprogramm (Pferde und Windhunde) zu studieren und mit anderen Stammkunden Tipps für den voraussichtlichen Gewinner auszutauschen.

Historisch gesehen wurden einige Pubs in den Großstädten und größeren Städten zu Treffpunkten für bestimmte Gruppen wie Politiker, Revolutionäre, Anwälte, Schriftsteller und Künstler, Musiker usw. Das ist bis heute so. Ein Pub kann als großartiger Sportpub bekannt sein, als Literaturpub, als früher-Morgen-Pub (wo sich Hafenarbeiter und Börsenhändler

treffen), als spät-Abend-Pub, wo es ceol agus craic gibt, also traditionelle Musik und muntere Vergnügen.

Was die Iren am meisten an der Pubkultur schätzen ist das Gespräch mit anderen Leuten. Man muss niemanden kennen, um in einem irischen Pub ein Gespräch anzufangen. An der Bar Platz nehmen, ein Getränk bestellen, eine angemessene Frage stellen oder eine vernünftige Meinung äußern und man wird nahezu garantiert in ein Gespräch mit einbezogen.

In den meisten Pubs wird zur Mittagszeit Essen serviert. Das Speiseangebot schwankt sehr in Qualität und Preis, von einfachen Sandwiches zu hausgemachtem Sodabrot mit einer guten Suppe und einer Auswahl irischer Bauernkäse von hervorragender Qualität. Viele Pubs, vor allem in den Großstädten und größeren Städten, haben Büffets, an denen gegrilltes und gebackenes Fleisch und (normalerweise) ein einfaches Curry mit einer Auswahl einfach gekochten Gemüses, Salaten und Reis dazu, erhältlich ist. Obwohl die Speisen gewöhnlich einfach sind, sind sie doch oft hochwertig.

Außerdem gibt es noch die „Feinschmecker"-Pubs, meist in beliebten Touristengegenden gelegen, die ausgezeichnete, herrlich gekochte Speisen, servieren. Viele von ihnen liegen bei den Angelhäfen, also bieten die meisten den örtlichen „Fang des Tages", der es immer wert ist, probiert zu werden, an. Auf dem Höhepunkt

der Touristensaison sollte man im Voraus reservieren. Im Folgenden finden Sie eine kurze Auswahl stimmungsvoller, irischer Pubs:

VAUGHAN'S ANCHOR INN,
Liscannor, Grafschaft Clare
Nur ein paar Meilen entfernt von den berühmten Cliffs of Moher bietet die renommierte, traditionelle Bar der Vaughan-Familie auch wunderbares Essen zu sehr fairen Preisen. Dennis Vaughan ist berühmt für seine großartige Meeresfrüchteplatte, doch er kocht alles auf Bestellung und verlangt darum Geduld von seinen Kunden. Er kann bis zu zwanzig, oft fantasievolle Fischgerichte mit örtlich gefangenem Fisch, servieren. Es gibt aber auch hervorragende vegetarische Alternativen und herrliches, vor Ort gezüchtetes Rind- und Lammfleisch. Tischreservierungen werden nicht angenommen, also früh da sein!

THE BRAZEN HEAD,
20 Lr Bridge Street, Dublin 8
Dublins (womöglich Irlands) ältestes Pub, wo seit dem 12. Jahrhundert Getränke serviert werden. Das gegenwärtige Gebäude beherbergt die Poststation, die um 1700 errichtet wurde. Es ist sehr charakteristisch, mit vielen Schlupfwinkeln und Verstecken, wo die Anführer der United Irishmen sich vor der Rebellion von 1798 trafen, und wo sich angesehene Rebellen, wie Robert Emmet, Wolfe Tone und Daniel O'Connell, aufhielten. Das Pub bietet heute gesundes Essen zu vernünftigen Preisen und beherbergt sehr beliebte traditionelle irische Musik- und Jazznächte in der Musiklounge. Ein Muss.

THE PORTERHOUSE,
Parliament Street, Temple Bar, Dublin 2
Das Porterhouse war Dublins erster Pub mit Mikrobrauerei. Zehn verschiedene Biere werden im Haus gebraut und ein Probiertablett wird angeboten. Sie müssen aber kein Bierliebhaber sein, um dieses Pub zu lieben. Dekor und Design sind eine beständige Quelle der Entzückung und das Essen ist besser als normales Bar-Essen. Das ist ein echter irischer Pub in einer modernen Art.

THE CROWN LIQUOR SALOON,
46 Great Victoria Street, Belfast
Ist sicherlich Belfasts berühmtestes Pub. Er wurde 1826 gegründet und später von italienischen Facharbeitern verschönert. Es ist ein unglaublich verzierter viktorianischer Gin-Palast der Art, wie sie in den meisten Industriestädten Großbritanniens florierten. Im Stadtzentrum wird The Crown vom National Trust (Gesellschaft zum Schutz des historischen Erbes) herrlich erhalten und dies ist, wenn man in Belfast ist, ein Muss.
Essen Sie Austern auf Eis oder eine Schüssel Irish Stew in einem seiner berühmten „Snugs" (Nebenzimmer) oder besuchen Sie den Restaurantbereich oben, der mit Holz vom Schwesternschiff der Titanic gebaut wurde.

REGISTER